इतिहास

(वृत्त-नाटक)

इतिहास

(वृत्त-नाटक)

दया प्रकाश सिन्हा

वाणी प्रकाशन

21-ए, दरियागंज, नयी दिल्ली-110002

फोन : 011-23273167, 23275710

फैक्स : 011-23275710

e-mail : vaniprakashan@gmail.com

website : www.vaniprakashan.com

वाणी प्रकाशन का 'लोगो'
विख्यात चित्रकार मक़बूल फ़िदा हुसेन की
कूची से

ISBN : 978-81-8143-000

वाणी प्रकाशन
21-ए, दरियागंज, नयी दिल्ली-110002
द्वारा प्रकाशित
संस्करण : 2008

मूल्य : 125.00
आवरण : वाणी चित्रांकन
जय भारत प्रिंटिंग प्रेस, शाहदरा, दिल्ली-110032
द्वारा मुद्रित

ITIHAS
by : Daya Prakas Sinha

प्यारी बेटी प्राची
की स्मृति को
जो मुझे नया नाटक न लिखने पर डाँटती थी।

इतिहास नाटक की उद्घाटक-प्रस्तुतियाँ
13, 14 तथा 15 अप्रैल 1999 को राष्ट्रीय बाल भवन, दिल्ली
के प्रांगण में स्नेह भारती द्वारा संपन्न हुईं।

खिलाफत का आन्दोलन
महात्मा गाँधीः मेरे लिए खिलाफत का मामला उतना ही अहम् है जितना मुसलमान भाईयों के लिए। खिलाफत के सवाल पर अगर जरूरत पड़े तो मैं स्वराज के सवाल को भी 'सस्पेंड' कर सकता हूं।

जलियां वाला बाग
''सर ने 'रौलूट एक्ट' बनाया है।...यह ऐसा कानून है जिसके खिलाफ़ वकील नहीं, अपील नहीं, दलील नहीं।''

नेहरू और एडविना

एडविनाः गुलाब के साथ तुम्हारी याद काँटे सी चुभती थी।

नेहरूः माई डियर, मत कहो ऐसी बात। सोचो, मैं कैसे जिन्दा रहूंगा तुम्हारे बिना। मैं अकेला हूं, बिल्कुल अकेला।

परिवार–के–परिवार विभाजन के वहशी दंगों में समाप्त हो गए। सड़कों, मैदानों, खेतों, खलिहानों, घरों में उनकी लाशें हफ्तों पड़ती सड़ती रहीं। चीलें और गिद्ध उन्हें नोच रहे थे। बदबू थी सड़ती लाशों की।

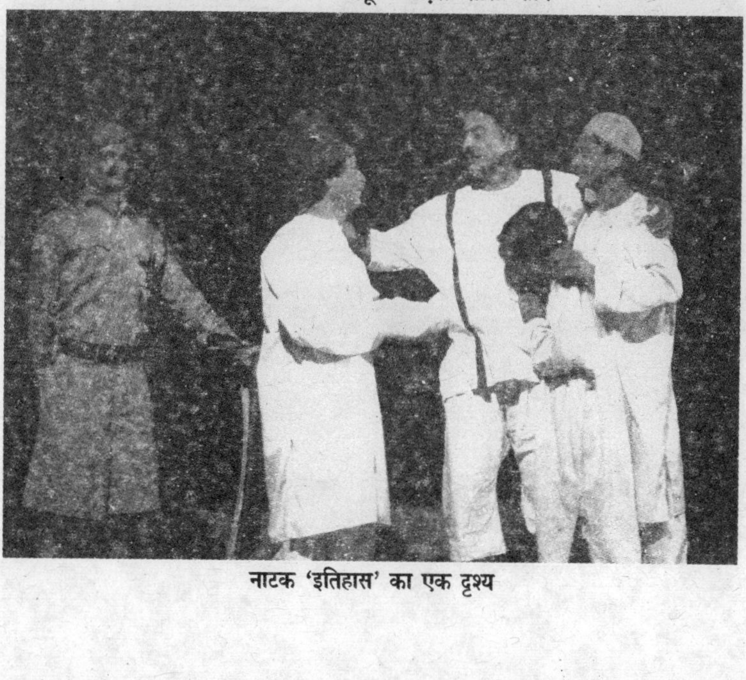

नाटक 'इतिहास' का एक दृश्य

मोहम्मद अली जिन्ना पत्रकारों के साथ – जिन्नाः ...मिस्टर गाँधी चाहते हैं कि हिन्दु राज्य के तहत् मुसलमानों को कुचल दें, और उन्हें अपना गुलाम बनाकर रखें।... कांग्रेस कास्ट हिन्दुज का एक फासिस्ट आर्गनाइजेशन है।... पार्टीशन नहीं तो सिविल वार। हम पाकिस्तान लेकर रहेंगे।

पुरोवाक

दया प्रकाश सिन्हा का वृत्त नाटक "इतिहास" सही अर्थों में भारतीय स्वतंत्रता संघर्ष का इतिहास है। वह 1857 से 1947 के बीच के ऐतिहासिक तथ्यों को पूर्ण-सत्यता के साथ उद्‌भासित करता है। सत्यनिष्ठा इतिहास लेखन की पहली और अंतिम कसौटी होनी चाहिए। किन्तु दुर्भाग्य से पिछले डेढ़ सौ वर्षों में औपनिवेशिक एवं मार्क्सवादी इतिहासकारों ने ऐतिहासिक सत्य की अपेक्षा, इतिहास के माध्यम से अपनी-अपनी विचारधारा को प्रतिष्ठित करने पर अधिक महत्त्व दिया है, और इसके लिए उन्होंने सत्य को अपने निहित उद्देश्य से तोड़-मरोड़ करके प्रस्तुत किया है।

सौभाग्य से श्री सिन्हा इस दुराग्रह से ग्रसित नहीं हैं। उन्होंने ऐतिहासिक तथ्यों को, जो जैसे हैं वैसे ही, बिना लाग-लपेट के, बिना किसी भूमिका या परिप्रेक्ष्य के, दर्शकों के सम्मुख बड़े साहस के साथ सजीव कर दिया है। उन्होंने यह दर्शकों पर छोड़ दिया है कि वे इतिहास को अपने-अपने दृष्टिकोण से देखें, समझें, परखें। वह इतिहासकार को इतिहास और पाठकों के बीच का "बिचौलिया" नहीं समझते हैं।

सौ वर्षों के अन्तराल में अलग-अलग समय पर जन्में, अलग-अलग व्यक्तियों और घटती घटनाओं के बीच एकत्व के सूत्र को पहचानने की श्री सिन्हा में दृष्टि है, जिससे कार्य, समय और चरित्र की विषमताओं के बावजूद नाटक का एक सुगठित, सुगुम्फित और ध्येय-केन्द्रित रचनात्मक स्वरूप उभर कर आया है। नाटक में स्वतंत्रता संघर्ष की दोनों मुख्य धाराओं-क्रांतिधारा और सुधारधारा, के साथ समान न्याय किया गया है। यह सम्भव है कि इतिहास का सच किसी को कडुआ भी लगे। सच कडुआ होता है। जो समाज कड़ए सच को स्वीकार कर सकते हैं, वे ही विषपायी शिव के समान अमर हो सकते हैं।

जिस राष्ट्र के नेता इतिहास से सबक नहीं लेते, वह राष्ट्र ऐतिहासिक गलतियां करता है। यह नाटक सामान्यजन में ऐतिहासिक चेतना के साथ-साथ राष्ट्रबोध भी जागृत करेगा। इस परिप्रेक्ष्य में यह वृत्त-नाटक विशेष रूप से स्वागतयोग्य है।

– कु. सी. सुदर्शन

सरसंघचालक, राष्ट्रीय स्वयं सेवक संघ

भूमिका

पूर्वाभ्यास के दौरान और उसके पहले जिसने भी नाटक पढ़ा, उसने आश्चर्य से आखें फैलाते हुए कहा– "यह क्या लिख दिया? झगड़ा होगा।" मैंने पूछा "क्यों? मैंने जो लिखा है वह सच है।" उत्तर मिलता– "सच ही तो सहन नहीं होता किसी को। बड़ी हिम्मत की!" यह कैसा देश है! यह कैसा देश है जहां सच कहने के लिए साहस चाहिए!! जहां झूठ बोलने का रिवाज़ है, और सच बोलना अपवाद और साहस का कार्य!!!

मैं जानता हूँ कि यह मूर्तिपूजकों का देश है। अतएव यहां जिससे भी लोग प्रभावित होते हैं, उसे ऊँचे आसन पर बैठाकर पूजने लगते हैं। पूजा के साथ रहस्यमय मिथक का प्रभामंडल भी अपने पूज्य के चारों ओर गढ़ लेते हैं। श्रद्धा में बन्द आंखें, आराध्य के वेश में छिपे बहुरूपी को देखने में असमर्थ होती हैं। वे अपने आराध्य के विरूद्ध एक शब्द भी नहीं सुन सकते। उनके होठों पर सदा अपने आराध्य का कीर्तन होता है, और कानों में आराध्य की आरती की घंटी। और जो उनके आराध्य के तिलिस्म को तोड़कर सच देखने-दिखाने का साहस करता है, उसे दुस्साहसी कहकर धिक्कारा जाता है। कुछ ऐसा ही दुस्साहस मैंने भी किया है।

मैंने इस नाटक में सत्य रूपायित करने का प्रयत्न किया है। विशुद्ध सत्य। सत्य के सिवा कुछ नहीं। सत्य लिखने का साहस मुझे महात्मा गांधी को पढ़ने से प्राप्त हुआ। यदि वह जीवित होते, तो मेरे दुस्साहस के लिए वह अवश्य ही मुझे आशीर्वाद देते।

वृत्त-नाटक 'इतिहास' का एक-एक शब्द इतिहास के कठोर, अविभाज्य तथ्यों पर आधारित है। अपने दावे की पुष्टि में इतिहास की विभिन्न पुस्तकों से प्राप्त कुछ उद्धरण नाटक के साथ परिशिष्ट में प्रस्तुत कर रहा हूँ। यदि यह नाटक किसी एक को भी प्रचार और भ्रम के कोहरे में छिपे सत्य के साक्षात्कार की प्रेरणा देता है, तो मैं समझूंगा कि मुझे इस नाटक को लिखने के लिए पारितोषक प्राप्त हो गया।

मैं इस अवसर पर लब्धप्रतिष्ठ विचारक और विद्वान श्री कु0सी0 सुदर्शन के प्रति आभार प्रकट करना चाहूंगा, जिन्होंने कृपापूर्वक पुरोवाक् लिखकर नाटक को गरिमा से मंडित किया। मैं आभारी हूँ कलाप्रेमी सांसद श्री वेद प्रकाश गोयल का, तथा सहृदय श्री शंभू कुमार कासलीवाल का, जिनके सहयोग से ही नाटक, प्रकाशन के पूर्व मंचस्थ किया जा सका।

अमोद वर्धन, काजल घोष, गोविन्द गुप्त, आर0के0 ढींगरा, महेश भयाना, गुलशन बत्रा, पंकज चतुर्वेदी, रघु व्यास, डा0 सत्य प्रकाश तथा विकास देशमुख को धन्यवाद नहीं दूंगा, जिन्होंने नाटक की प्रथम प्रस्तुति में अपार सहयोग दिया, क्योंकि मित्रों को धन्यवाद नहीं दिया जाता।

दया प्रकाश सिन्हा

बैसाखी, अप्रैल 1999

द्वितीय संस्करण की भूमिका

मैं प्रकाशन के पूर्व अपने सभी नाटकों को स्वयम् मंचस्थ करके उनको रंगमंच की कसौटी पर परखता हूँ। इस नाटक के रिहर्सल के दौरान मैंने अनुभव किया कि इतने छोटे-छोटे दृश्यों और इतने अधिक पात्रों वाले इस नाटक को सामान्य नाटकों के रूप में मंचस्थ करना कठिन है। सर्वाधिक प्रभावी प्रस्तुति 'ध्वनि-प्रकाश नाटक' (Light & Sound Show) के रूप में ही हो सकती है। तब मैंने पूरे नाटक को, संगीत, संवादों और ध्वनि-प्रभावों के साथ, 'रेकार्ड' (ध्वन्यांकन) करवा दिया, जिससे प्रस्तुति के समय 'रिकार्डेड डॉयलोग' पर पात्रों को मौन रूप से संवाद बोलते हुए केवल होंठ हिलाने पड़ें। मेरा यह प्रयोग सफल रहा, जिसे मैंने देश के अनेक नगरों में प्रस्तुत किया।

नाटक के भावी निर्देशकों को मेरा परामर्श है कि इतिहास-वृत्त नाटक को 'ध्वनि-प्रकाश' प्रस्तुति शैली में ही मंचस्थ करें।

नई दिल्ली
अप्रैल 2007

— दया प्रकाश सिन्हा

इतिहास

(बिगुल बजने की आवाज के साथ 'यूनियन जैक' चढ़ता है।)

सूत्रधार : सन् 1857। उस समय पूरे हिन्दुस्तान पर 'यूनियन जैक' फहरा रहा था। ब्रिटिश साम्राज्य का सूरज अपने उत्कर्ष पर था। धीरे- धीरे लाल होता हुआ हिन्दुस्तान का नक़्शा अब पूरी तरह लाल हो चुका था। मुगलों, मराठों और सिखों की शक्ति टूट चुकी थी। राजाओं, महाराजाओं, शहंशाहों, नवाबों, जागीरदारों ने हार मान कर अपने हथियार डाल दिए थे। लेकिन सामान्य हिन्दुस्तानी ने हार नहीं मानी थी। उनके दिलों में आज़ादी की चिनगारी अभी ज़िन्दा थी। वह चिनगारी बैरकपुर में 29 मार्च 1857 को विद्रोह की पहली लपट बन कर चमकी।

(दृश्य समाप्त)

दृश्य-1

(गेरुए वस्त्र पहने साधु से मंगल पांडे बात कर रहा है।)

मंगल पांडे : सबर करो। सबर करो। स्वामी जी यह बात तो आप कब से कहते चले आ रहे हैं।

स्वामी जी : मैं अभी भी यही कहूंगा।

मंगल पांडे : कब तक सबर करें। सबर की भी कोई हद होती है। कोई सीमा होती है।

स्वामी जी : इतनी बेसबरी से बनी हुई बात बिगड़ जाएगी।

मंगल पांडे : इतने महीनों से हम फ़ौजी लोग एक छावनी से दूसरी छावनी कमल का फूल और रोटी लिए घूम रहे हैं।

स्वामी जी : हम सब जानते हैं।

मंगल पांडे : मैं ही नहीं, सब ही तिलंगे पूछते है कि कब तक हम चुप बैठें। सब हिन्दू सिपाहियों ने गंगा जी की क़सम खाई है और मुसलमानों ने क़ुरान की। सबके ख़ून में उबाल है। सब फ़िरंगियों को उखाड़

फेंकने को बेचैन हो रहे हैं। और आप आकर कहते हैं सबर करो।

स्वामी जी : बस 31 मई तक।

मंगल पांडे : न जाने कब आएगी 31 मई।

स्वामी जी : मैं पहले भी तुमको बता चुका हूँ। 31 मई को पूरे देश की छावनियों में एक साथ बग़ावत होगी। हिन्दुस्तानी सिपाही अपने अंग्रेज़ अफ़सरों का हुकुम नहीं मानेंगे। उनको गिरफ़्तार कर जेल में डाल देंगे।

मंगल पांडे : जेल में नहीं, उनके सीने में गोली उतार देंगे। जय काली माँ।

स्वामी जी : पूरे मुल्क में एक साथ बग़ावत होगी, तो अंग्रेज कुछ नहीं कर सकेंगे। लेकिन अगर अलग तिथियों में, अलग अलग जगह बग़ावत हुई, तो फिरंगी सब ही जगह कुचल देंगे।

मंगल पांडे : कुचल कर देंखे। मैं काली का भक्त हूँ। कल रात मैंने सपने में देखा-साक्षात काली माँ आई थी। वही अंगारे सी दहकती आँखें। गले में मुंडों की माला। एक हाथ में तलवार और दूसरे में खप्पर। काली माँ ने कहा– मैं प्यासी हूँ और उन्होंने अपना खप्पर बढ़ाया। मैंने कहा–दूंगा माँ, दूंगा। तेरे खप्पर को ख़ून से भर दूंगा। फिरंगी के खून से भर दूंगा। बस तभी मेरी आँख खुल गई। और तभी से मेरे सर पर ख़ून सवार है। मैं 31 मई तक नहीं रुक सकता। काली माँ प्यासी है। फिरंगी ख़ून से ही माँ की प्यास बुझेगी।

(अचानक अंग्रेज अफसर की नेपथ्य से आवाज़ आती है ''हू इज़ देयर'' स्वामी कंबल ओढ़ कर मुंह फेर लेता है।)

अंग्रेज अफसर: **(प्रवेश करते हुए)** यहाँ कैन्टोनमैन्ट के बाहर क्या करता? और यह कौन है? **(स्वामी से)** इधर देखो। इधर देखो। **(जबरदस्ती कंबल खींचता है)**

मंगल पांडे : क्या करते हो? यह हमारे स्वामी हैं।

अंग्रेज अफसर: व्हाट ब्लडी स्वामी। लेट मी सी। **(स्वामी को खींचकर उसका चेहरा अपने सामने करता है।)**

मंगल पांडे : ये हमारे स्वाभी हैं।

अंग्रजी : यू शट अप। ब्लडी स्वाईन।

(मंगल पांडे अचानक बन्दूक तानकर गोली मारता है। अंग्रेज अफसर गिर पड़ता है।)

मंगल पांडे : **(नफरत से नकल करते हुए)** ब्लडी स्वाइन।

(दृश्य समाप्त)

सूत्रधार : मंगल पांडे की गोली की आवाज़ पूरे देश में सुनाई पड़ी। **(नेपथ्य में लगातार गोली चलने की आवाज)** उसकी गूंज में वह इन्कलाबी मंत्र था, जिसने हिन्दुस्तान की बूढ़ी रगों में बहते ख़ून में

बिजली सी भर दी। **(गगनिका पर भारत का नक्शा! उसमें बैरकपुर, फिर बेहरामपुर, फिर अम्बाला जगमगाते हैं)** बैरकपुर के बाद विद्रोह की चिन्गारी बेहरामपुर में चमकी, और फिर अम्बाला में। इन विद्रोहों को तो अंग्रेज़ों ने तुरन्त कुचल दिया। लेकिन वही चिन्गारी जब आग बनकर मेरठ में धधकी, तो उसने एक बार को कम्पनी की हुकूमत को जलाकर राख कर दिया। सिपाहियों की एक हिन्दुस्तानी टुकड़ी ने चर्बी लगे कारतूसों को इस्तेमाल करने से मना कर दिया।

1857 का स्वतन्त्रता संग्राम

दृश्य—2

(हिन्दुस्तानी सिपाही खड़े हैं। अंग्रेज कमाँडर आदेश देता है— अटेंशन। सिपाही हिलते नहीं।)

कमाण्डर : बहरा है। सुनता नहीं? अटेंशन। **(सिपाही हिलते नहीं।)**

कमाण्डर : अटेंशन।

सिपाही-1 : हम चरबी वाला कारतूस मुंह से नहीं काटेंगे। इसमें गाय की चर्बी है।

सिपाही-2 : इसमें सुअर की चर्बी है।

सिपाही-3 : हमने कम्पनी को अपना धरम नहीं बेचा।

सिपाही-2 : हम अपने धरम के लिए—

कमाण्डर : शट अप, यू बास्टर्ड।

(सब सिपाही बन्दूक उठा लेते हैं।)

ढिंढोरची : **(प्रवेश करके)** फ़लक ख़ुदा का, मुल्क शहंशाह बहादुर शाह का। पहले सुनिये ग़ौर से, फिर बात करिए और से। हर ख़ासो-आम को इत्तला दी जाती है कि कम्पनी बहादुर की हुकूमत मेरठ में ख़लास। शहंशाह बहादुर शाह की हुकूमत फिर से बहाल।

(दृश्य समाप्त)

सूत्रधार : 1857 का विद्रोह अंग्रेज़ों द्वारा कुचल दिया गया। झांसी की रानी ने युद्ध में लड़ते हुए शहादत प्राप्त की। तात्याटोपे को गिरफ़्तार कर फांसी पर लटका दिया गया, बाबू कुँवर सिंह भी युद्ध में शहीद हुए। बहादुर शाह ज़फ़र को गिरफ्तार करके रंगून भेज दिया गया। बेगम हज़रत महल और नाना साहब अंग्रेजी फौज की आँखों में धूल झोंककर गायब हो गए। अंग्रेजों ने हिन्दुस्तान के बाग़ी इलाक़ों को दुबारा विजय करके वहाँ के निवासियों से उनके विद्रोह का

प्रतिशोध लिया। हज़ारों लोगों को सड़क के किनारे पेड़ों पर ही फांसी पर लटका दिया। सैंकड़ों को तोप से उड़ा दिया। हिन्दुस्तानियों के दिलों में हत्या और लूटपात की ऐसी दहशत बैठाने की कोशिश की कि वे कभी भी विद्रोह का विचार मन में न ला सकें। काले लोगों को सभ्य बनाने के लिए आए गोरों के पाशविक अत्याचारों में बर्बरता की अति के दर्शन हुए।

(झांसी की रानी, तात्याटोपे, बाबू कुँवर सिंह, बेगम हजरत महल, नाना साहब के चित्र, पेड़ से फांसी पर लटके लोगों के चित्र। तोप के मुंह से बांधकर बागियों को तोप से उड़ाने के चित्र गगनिका पर दिखाई पड़ते हैं।)

फड़के

सूत्रधार : 1857 में प्रथम स्वतंत्रता युद्ध को कुचल कर भी अंग्रेज़ शान्ति से नहीं बैठ सके। इस विद्रोह की ज्वाला से निकली चिनगारी कभी देश के इस कोने में, और कभी देश के उस कोने में अचानक शोले सी भड़क उठती थी। अँग्रेज़ हमेशा किसी आगामी संकट से आशंकित और भयभीत रहते।

ऐसी ही एक चिनगारी शोला बनकर महाराष्ट्र में चमकी। सन् 1870 के दशक में वासुदेव बलवन्त फड़के ने अंग्रेज़ी सत्ता समाप्त करने के लिए एक सेना गठित की। जिस प्रकार शिवाजी ने छापामार युद्ध से मुगल सेना को नष्ट-विनष्ट किया था, उसी तरह फड़के के छापामार अंग्रेज़ों की नींद हराम करने लगे।

दृश्य–3

(मुनादीवाला एक बल्लभधारी सिपाही के साथ दिखाई पड़ता है। पांच-सात लोग भी आते हैं।)

मुनादीवाला : **(ढोल बजाकर)** पहले सुनिये ग़ौर से, फिर बात करिए और से। **(ढोल बजाता है)** सुनिये, सुनिये, सुनिये–फ़लक ख़ुदा का, मुल्क अंग्रेज बहादुर का, हुक्म बम्बई के लाट साहब जनाब सर रिचर्ड टैंपल साहब बहादुर का। हर खासो आम को इत्तला दी जाती है कि वासुदेव बलवन्त फड़के अंग्रेज़ी राज का बाग़ी है। जो कोई भी उसे जिन्दा या मुर्दा पकड़वाएगा, उसे पचास हज़ार रुपये का इनाम दिया जाएगा। **(ढोल बजाता है।)**

(तब ही सिपाही की निगाह दीवार पर चिपके पोस्टर पर जाती है।)

सिपाही : यह पोस्टर किसने चिपकाया? (पोस्टर पढ़ते हुए) जो गवर्नर सर रिचर्ड टेंपल का सिर लाकर मुझे देगा उसे मैं पचास हज़ार रुपये दूँगा। वासुदेव बलवन्त फड़के। बाप रे बाप! यह पोस्टर तो फड़के ने निकलवाया है। (खड़े हुए लोगों से) इसे किसने चिपकाया?

आदमी-1 : हम नहीं जानते।

आदमी-2 : हम तो पढ़े लिखे नहीं है।

आदमी-3 : इसमें क्या लिखा है?

सिपाही : तुम्हारा सिर लिखा है।

(दृश्य समाप्त)

दृश्य–4

(गवर्नर दिखाई पड़ता है। उसके हाथ में वही पोस्टर है।)

गवर्नर : ओह जीसस। वह मेरे सर के लिए पचास हजार ऑफ़र कर रहा है। ओह माई गॉड। पचास हज़ार रुपये के लिए कोई भी डर्टी नेटिव मेरी गर्दन काट सकता है। ओह नो। (गर्दन पर हाथ फेरते हुए) ओह नो। (उठाकर शॉल अपनी गर्दन के चारों ओर लपेटता है।)
(सेक्रेटरी का प्रवेश)

सेक्रेटरी : सर आपका वक़्त हो गया।

गवर्नर : (चौंककर) क्या?

सेक्रेटरी : सर, आपको 4.30 बजे मीटिंग में पहुंचना है। गाड़ी खड़ी है।

गवर्नर : (एकदम बिगड़कर) गेट आउट। मुझे कहीं-नहीं जाना है। आई डोन्ट वान्ट टु डाई। वह फड़के मेरी जान लेना चाहता है। मुझे हर इंडियन फड़के लगता है। (क्रोध से पुनः चिल्लाकर) गेट आउट। ओ माई गॉड! मैं रिज़ायन करके वापस इंग्लैण्ड चला जाऊँगा।

(दृश्य समाप्त)

सूत्रधार : अंततः वासुदेव बलवंत फड़के अंग्रेज़ों द्वारा गिरफ़्तार कर लिया गया। आजीवन कारावास के लिए उसे भारत के बाहर अदन भेजा गया।

दृश्य–5

(फड़के को जेल में यातना देने का दृश्य)

(दृश्य समाप्त)

सूत्रधार : जेल की यातनाओं और यंत्रणाओं को सहता हुआ यह भारत माँ का अनन्य तपः पुत्र 17 फरवरी, 1883 को सदा के लिए विदा हो गया।

कूका आन्दोलन

सूत्रधार : 1857 के पश्चात, तथा 1885 में कांग्रेस की स्थापना के पूर्व, अनेक सशस्त्र विद्रोह अंग्रेजों के विरुद्ध घटित हुए। इनमें कूका विद्रोह विशेष रूप से उल्लेखनीय है।

पंजाब के नामधारी सिख गुरु रामसिंह लोगों को देशभक्ति की दीक्षा दे रहे थे। उनका पंजाब में बहुत प्रभाव था, जिससे अंग्रेज़ सशंकित थे। उनके शिष्य कूके कहलाते थे। कूकों ने सन् 1872 में अंग्रेज़ छावनी पर हमला कर दिया। युद्ध में कूके पराजित हुए। अड़सठ कूके गिरफ़्तार किए गए। उनमें से उन्चास को तोपों से बांधकर उड़ा देने का आर्डर अंग्रेज़ डिप्टी कमिश्नर कॅवैन ने दिया।

दृश्य–6

ढिंढोरची : बहुकुम डिप्टी कमिश्नर कॅवैन साहब बहादुर, हर ख़ासो-आम को इत्तला दी जाती है कि ब्रितानी सरकार बहादुर के ख़िलाफ़ बग़ावत करने वाले नामधारी सिखों ने मलोध के क़िले और मलेरकोटला की छावनी पर हमला करने की जुर्रत की थी। ऐसे उन्चास सरकश बागियों को शहर के चौक पर तोप के मुंह से बांध कर कल सुबह ग्यारह बजे उड़ा दिया जाएगा। ब्रितानी सरकार सभी वफ़ादार बाशिंदों को इस नायाब नज़ारे को देखने का हुक्म देती है। जो बाग़ियों के तोप से उड़ाए जाने का नज़ारा नहीं देखने आएगा, उसे भी बाग़ी समझा जाएगा।

दृश्य–7

(डिप्टी कमिश्नर कॅवैन तथा मिसेज़ कॅवैन आते हैं। पुलिस अफ़सर उनको सलाम करके, मकान की छत के बरामदे में बैठाते हैं। छत से नीचे देखा जा सकता है)

मिसेज़ केवन : (नीचे झांकते हुए) माई डियर, इट्स सो एकसाईटिंग। फ़िफ़्टी पीपल विल बि ब्लोन अप बाई कैनन।

केवन : फ़िफ़्टी नहीं; फ़ोटी नाइन।

मिसेज़ केवन : तुमने इनको फांसी पर क्यों नहीं लटकाने का आर्डर दिया?

केवन : मैं चाहता हूँ कि जब इन बदमाशों को तोप से उड़ाया जाए, तो ज़्यादा से ज़्यादा नेटिव्ज़ इसको देखें।

मिसेज़ केवन : इंजॉयमेंन्ट के लिए! ओह! व्हाट एन एन्जॉयमेंट!

केवन : नहीं। इंजॉयमेंन्ट नहीं।

मिसेज़ केवन : तो!

केवन : सबक देने के लिए। टु टीच देम ए लैसन। जब ये बदमाश बाग़ी तोप से उड़ाए जाएंगें तो तोप के धमाके की आवाज़ ये नेटिव्ज़ सुनें। इस धमाके की गूंज इनके दिल दिमाग़ में भर जाए, जिससे ये कभी अंग्रेज़ी सरकार के ख़िलाफ़ बग़ावत न कर सकें।

मिसेज़ केवन : ब्रिलियेंट माई डियर हज़्वैन्ड, ब्रिलियेंट।

केवन : सिर्फ़ पन्द्रह साल पहले, 1857 की म्यूटिनी हुई थी। बड़ी मुश्किल से उसे हम लोगों ने कुचला है। अगर इन नेटिव्ज़ को दबा कर नहीं रखा गया तो ये फिर 1857 जैसा रिवोल्ट कर सकते हैं। नहीं, नहीं, वी केनोट एफोर्ड एनअदर रिवोल्ट। इट हैज़ टु बि निप्ड इन द बड; एज़ रुथलेसली एज़ पॉसिबल।

मिसेज़ केवन : डियर, एक तोप के गोले से एक बदमाश उड़ाया जाएगा।

केवन : नहीं। तोप के गोले प्रेशस हैं। इन्हें वेस्ट नहीं किया जा सकता। एक तोप से दस लोग बांध दिए जाएंगे और एक गोले से दस लोग उड़ा दिए जाएंगे।

मिसेज़ केवन : तोप के धमाके के साथ ही, दस लोगों के बॉडीज़ के चिथड़े चिथड़े हो जाएंगे। उनके हाथ पैर हवा में उड़ते दिखाई देंगे। वाह! (अचानक) केवन, उधर देखो। उनके साथ एक तो बहुत छोटा बच्चा है। क्या वह भी बदमाश है।

केवन : हाँ, वह उन सबके साथ है।

मिसज़ केवन : वह बहुत प्यारा सा बच्चा है। उसे बुलवाओ तो यहाँ।

केवन : ऐ जवान, उस बच्चे को यहाँ ले कर आओ। **(जवान बच्चे को लाने जाता है)**

मिसेज़ केवन : ही इज़ जस्ट ए चाइल्ड। इग्नोरेण्ट। उसे हम इंगलिश एजूकेशन देंगे। उसे बेप्टाइज़ करवा देंगे। वह ब्रिटिश गवर्नमेंट का फ़ेथफ़ुल बन जाएगा। ठीक है न।

केवन : इट इज़ नॉट सो ईज़ी।

मिसेज़ केवन : यू लीव इट टू मी।

केवन : आलराइट, गिव इट ए ट्राई **(एक सिपाही के साथ हथकड़ी में बंधे एक तेरह साल के बच्चे का प्रवेश)**

मिसेज़ केवन : इसकी हथकड़ी खोल दो। **(सिपाही हथकड़ी खोल देता है)**।

केवन : हम तुम्हें माफ़ कर देंगे, और छोड़ देंगे, अगर तुम उस रास्कल गुरु रामसिंह का साथ छोड़ दो।

बालक : (झपटकर, केदन की दाढ़ी पकड़कर) मेरे गुरु को गाली देता है। गुरु को गाली।

केवन : दाढ़ी छोड़ो।

बालक : मैं तेरी जान ले लूंगा।

मिसेज़ केवन : दाढ़ी छोड़।

(सिपाही और मिसेज़ केवैन दाढ़ी छुड़ाने की कोशिश करते हैं। दाढ़ी छोड़ने के लिए कहते हैं। किन्तु वह बालक दाढ़ी नहीं छोड़ता। वह कहता जाता है– "मेरे गुरु को गाली दी। मैं तुमको नहीं छोडूंगा।")

केवन : हाथ काट दो इसके।

(सिपाही तलवार निकाल कर बालक के हाथ काटता है चीख के साथ बच्चा गिरता है। वैसे ही तोप के छूटने की आवाज सुनाई पड़ती है, जिसका धुंआ मंच पर छा जाता है।)

(दृश्य समाप्त)

कांग्रेस की स्थापना

सूत्रधार : ब्रिटिश साम्राज्य के सभी राजनेताओं, विचारकों और प्रशासकों की केवल एक चिन्ता थी–कैसे हिन्दुस्तान में 1857 को दोबारा होने से रोका जाए? इस समस्या का समाधान ढूंढ़ा-एक अवकाश प्राप्त आई.सी.एस. अधिकारी ए.ओ. ह्यूम ने। वह सन् 1857 में अपना समाधान लेकर वाइसराय डफ़रिन से मिलने पहुंचा।

दृश्य–8

(क्लब में कई जोड़े (गोरे) बॉल-रूम डांस कर रहे हैं। वहीं एक कुर्सी पर बैठा वाइसराय डफ़रिन व्हिस्की पी रहा है। ह्यूम का प्रवेश)

ह्यूम : गुड मार्निंग सर।

डफ़रिन : आओ आओ, ह्यूम। बैठो।

ह्यूम : आज मैं आपके पास ख़ास काम से आया हूँ।

डफ़रिन : पता नहीं कैसे तुमने इस मुल्क में 45 साल काट लिए? मुझसे तो एक-एक दिन काटना मुश्किल हो रहा है। हर तरफ़ से ख़बरें आ

रही हैं कि हिन्दुस्तानी अंग्रेज़ी तख़्ता पलटने का इन्तज़ार कर रहे हैं। तैयारी कर रहे हैं। हम एक बारूद के ढेर पर बैठे हैं। कहीं से भी उड़ती चिनगारी आई तो बस...

ह्यूम : इसी के बारे में मैं आपसे बात करने आया हूँ। मैंने इसके बारे में बहुत सोचा...

डफ़रिन : सोच तो हम सब रहे हैं। लेकिन यह बताओ इस प्रॉब्लेम का कोई सोल्यूशन है?

ह्यूम : (आत्म-विश्वास से) सोल्यूशन है।

डफ़रिन : सोल्यूशन है?

ह्यूम : हाँ। मेरे पास सोल्यूशन है।

डफ़रिन : गुड। क्या है सोल्यूशन? हम सुनना चाहेंगे।

ह्यूम : लार्ड मैकॉले के इंगलिश स्कूल बहुत अच्छे चल रहे हैं?

डफ़रिन : हाँ। उसमें नेटिव्ज़ बहुत जा रहे हैं। हमारे स्कूल भारी तादाद में ऐसे हिन्दुस्तानी पैदा कर रहे हैं जो सिर्फ़ कलर और ब्लड में हिन्दुस्तानी हैं, टेस्ट और थिंकिंग में इंगलिश। काला इंगलिश। **(हंसता है)** मैकॉले ने जैसा कहा था, वैसा ही हुआ।

ह्यूम : लेकिन एक जगह मैकॉले गलत साबित हुआ?

डफ़रिन : क्यों?

ह्यूम : इंगलिश एजूकेशन से नेटिव सोचने लगा है। उसका माइन्ड डवलप हो गया है। वह अपना फ़ैसला ख़ुद लेने लगा है।

डफ़रिन : ठीक कहते हो। सुरेन्द्र नाथ बनर्जी ने कलकत्ता में इंडियन नेशनल कांफ्रेन्स बनाई है।

ह्यूम : यही तो मैं कहा रहा हूँ। इंगलिश एजुकेटेड नेटिव अब अंग्रेज़ों की तरह एक्ट भी करने लगा है। उसने अँग्रेज़ों की तरह अपने पोलिटिकल राइट्स के लिए एक एसोसिएशन बनाया है। लेकिन इसमें एक ख़तरा है, जो अगर आप इजाज़त दें तो मैं बताना चाहूँगा।

डफ़रिन : श्योर।

ह्यूम : अगर सुरेन्द्र नाथ बैनर्जी और उसके बंगाली दोस्तों पर निगाह नहीं रखी गई तो एक वक़्त आएगा, जब वह हमारे ख़िलाफ ही आंदोलन चलाने लगेंगे। इसलिए ज़रूरी है इन इंगलिश ऐजूकेटेड इंडियन्स के एसोसिएशन्स को हम, अंग्रेज़ ख़ुद सपोर्ट करें और गाईड करें।

डफ़रिन : ओह कम ऑन मिस्टर ह्यूम। यू वान्ट अस टु जॉयन द नेटिव्ज?

ह्यूम : जी हाँ। मैं बिल्कुल यही चाहता हूँ। मैं चाहता हूँ जैसा एसोसिएशन इंडियन्स ने बनाया है, वैसा हम लोग बनवाएँ। उसमें अंग्रेज़ और हिन्दुस्तानी दोनों हों।

डफ़रिन : इंटेरेस्टिंग।

ह्यूम : हिन्दुस्तानियों को आज़ाद होने से हम रोक नहीं पायेंगे। एक न एक दिन वह आज़ाद हो जाएंगे। वह दो तरीक़ों से आज़ाद हो सकते हैं। एक–वह आपनी आज़ादी हमसे छीन लें। दूसरा–हमारे ज़रिए चलाए कॉस्टीट्यूशनल रिफ़ोर्म से। इसके लिए हमें नेटिव्ज को यूरोपियन सुधारों के रास्ते पर आगे बढ़ाना होगा। नेटिव्ज़ की राजनैतिक शिक्षा के काम में समय लगेगा, लेकिन जब तक उनकी यह शिक्षा चलेगी, तब तक हम अंग्रेज़ बिल्कुल सुरक्षित रहेंगे। नेटिव्ज़ की एनर्जी यूरोपियन नौलेज को हासिल करने में लगेगी। इस तरह हमारे विरुद्ध आन्दोलन नहीं होगा, जो हमें नुकसान कर सके।

(डफ़रिन सोचता हुआ घूमता है)

डफ़रिन : ह्यूम मैं तुम्हारी बात समझ गया। ये काम तुम्हीं करोगे।

ह्यूम : मैं?

डफ़रिन : हाँ तुम। तुम इंडिया को अच्छी तरह जानते हो। तुम नेटिव्ज़ के लीडर्स को भी जानते हो। इनका एक एसोसिएशन बनाओ। तुम और दूसरे अंग्रेज़ इस एसोसिएशन को डायरेक्शन देंगे। देखेंगे कि वह एक्सट्रीमिस्ट के हाथों में न जाने पाए।

ह्यूम : ये एसोसिएशन नेटिव्ज़े के लिए यूरोपियन पैटर्न पर कॉस्टीट्यूशलन रिफोर्मस की माँग करेगा। उनके लिए संघर्ष करेगा। नेटिव्ज़ वांइसराय की एक्ज़ेक्यूटिव काउंन्सिल में सीट माँगेंगे। सीट के लिए एलेक्शन लड़ेंगे।

डफ़रिन : इस एसोसिएशन के ज़रिये ब्रिटिश सरकार को पता लगता रहेगा कि नेजिव्ज़ की शिकायतें क्या हैं, वह क्या सोचते हैं। कैसे रिएक्ट करते हैं, और हमारे ख़िलाफ कोई कॉन्स्पीरेसी तो नहीं कर रहे हैं।

ह्यूम : मैं इंडियन नेशलन कांग्रेस की स्थापना करना चाहता हूँ। इसका पहला सेशन बंगालियों से दूर सन् 1885 में बम्बई में होगा। कांग्रेस का यह सेशन ब्रिटिश सरकार के प्रति वफ़ादारी प्रकट करेगा और हुकूमत में भागीदारी की माँग धीरे-धीरे करेगा। मुझे आपका अप्रूवल चाहिए, लॉर्ड डफ़ारिन।

डफ़रिन : यू हैव माई कम्पलीट सपोर्ट। गो अहेड।

(दृश्य समाप्त)

सूत्रधार : इस तरह स्थापना हुई भारतीय राष्ट्रीय कांग्रेस की-एक अंग्रेज़ द्वारा ब्रिटिश साम्राज्य के हित में, एक "सेफ़्टी-वाल्व" के रूप में। कांग्रेस की स्थापना से भारतीय स्वतंत्रता संघर्ष दो धाराओं में विभक्त हो गया। एक धारा जो 1857 की क्रान्ति से चली आ रही थी–

क्रांति-धारा तथा दूसरी धारा जिसका प्रारम्भ कांग्रेस की स्थापना से हुआ-सुधार धारा। संक्षेप में कहा जाए तो भारत की स्वाधीनता का इतिहास क्रांतिधारा और सुधार धारा की टकराहट का इतिहास है। कांग्रेस के प्रथम अधिवेशन की सर डब्ल्यू सी बैनर्जी ने अध्यक्षता की थी और ए.ओ. ह्यूम महामंत्री थे। प्रमुख हिन्दुस्तानियों के अतिरिक्त उसमें अनेक अंग्रेज़ अधिकारी भी मौजूद थे। अध्यक्ष पद से बोलते हुए श्री डब्ल्यू सी बोनर्जी ने कहा–

कांग्रेस का प्रथम अधिवेशन

दृश्य–9

बैनर्जी : कांग्रेस का यह अधिवेशन एक इतिहास की रचना करता है। आज से एक राष्ट्रीय संस्था की स्थापना हुई है, जो अंग्रेज़ों और हिन्दुस्तानियों के रिश्ते को और मज़बूत करेगी। विचार-विमर्श के बाद हमने ब्रिटिश सरकार से कुछ माँगे रखी हैं। हम उम्मीद करते हैं कि ब्रिटिश सरकार हमारी माँगों पर विचार करके अपनी स्वीकृति देगी।

एक : अगर सरकार ने हमारी मांगें नहीं मानीं तो हम क्या करेंगे?

दो : यह सवाल बेमानी है। हमें अंग्रेज़ क़ौम की उदारता और न्यायप्रियता में विश्वास है। हमें विश्वास है, ब्रिटिश हाउस ऑफ कामन्स में, और अंग्रेज़ों की स्वतंत्र-प्रियता में। ...वैसे भी अंग्रेज़ों ने जहां भी अपना झंडा फहराया है और सरकार बनाई है, वहाँ उन्होंने जन-प्रतिनिधि सरकारें ही बनाई हैं।

तीन : हमें अंग्रेज़ों की न्यायप्रियता पर भरोसा होना चाहिए।

चार : अंग्रेज क़ौम से ज़्यादा ताक़तवर और ईमानदार क़ौम धरती पर नहीं है।

पांच : अगर हमें सफलता नहीं मिलती, तो हम सरकार के पास दोबारा जाएंगे। और तिबारा जाएंगे। बार-बार जाएंगे।

बैनर्जी : अब हम यह अधिवेशन समाप्त करने जा रहे हैं। अंत में एक बार हम ब्रिटिश सरकार के प्रति अपनी कृतज्ञता व्यक्त करते हुए दादाभाई नौरोजी के शब्दों में कहेंगे–हम सब मर्दों की तरह बोलें और घोषणा करें कि हम अपनी रीढ़ की हड्डी तक ब्रिटिश सरकार के वफ़ादार हैं। अब सब खड़े होकर मलका विक्टोरिया के लिए थ्री चियर्स बोलेंगे–हिप हिप–

सब : हुर्रे (कुल तीन बार यह दोहराया जाता है)

(दृश्य समाप्त)

मुस्लिम अलगाववाद का प्रारंभ

सूत्रधारः कांग्रेस की स्थापना के प्रारम्भ से ही मुसलमानों ने अपने आपको प्रायः कांग्रेस से दूर रखा। कांग्रेसियों की हर चंद कोशिश नाकामयाब रही, लेकिन मुसलमान ज्यादातर कांग्रेस से दूर रहे। 1885 के पहले कांग्रेस सेशन में 72 प्रतिभागियों में केवल दो मुसलमान थे। 1886 के दूसरे कांग्रेस सेशन में 143 प्रतिभागी आए थे, उनमें केवल 33 मुसलमान थे। सुरेन्द्रनाथ बैनर्जी ने बाद में लिखा कि इस महान् राष्ट्रीय कार्य में अपने देशवासी मुसलमानों का सहयोग प्राप्त करने के लिए हम लोग हर संभव कोशिश करते थे। हम कभी-कभी मुसलमान प्रतिभागियों को यात्रा का किराया देते थे तथा दूसरी सुविधाएं भी देते थे। किन्तु मुसलमानों ने अधिकांशतः कांग्रेस को सहयोग नहीं दिया।

दृश्य—10

(प्रकाशवृत्त में सर सैय्यद अहमद खां उद्‌भासित)

सर सैय्यद : कांग्रेस की हिन्दुस्तान के लिए ब्रितानी सरकार जैसी रिप्रेज़ेन्टेटिव सरकार की मांग है, जिसमें मेजोरिटी की हुकूमत होती है। अगर ऐसा होता है तो इसका मतलब होगा—हिन्दू हिन्दुस्तान में हमेशा हुकूमत करेंगे और मुसलमान कभी नहीं। ...मैं नहीं समझता कि क़ौमी कांग्रेस का क्या मतलब है? क्या इसके माने यह समझा जाए कि अलग-अलग ज़ातों, मज़हबों के लोग जो हिन्दुस्तान में रहते हैं, वह एक क़ौम के हैं या एक क़ौम के हो सकते हैं। वह कांग्रेस जो हिन्दुस्तान को एक क़ौम समझती है, वह किसी भी नाम से आए मैं ऐसी हर कांग्रेस को नामंजूर करता हूँ।

(दृश्य समाप्त)

सूत्रधार : दोक़ौमी सिद्धांत, जिसके आधार पर मोहम्मद अली जिन्ना ने देश को विभाजित किया, असल में सर सैय्यद की ही देन थी। सर सैय्यद ने अंग्रेज़ों द्वारा हिन्दुस्तानियों को गुलाम बनाए रखने का एक नया हथियार दिया-हिन्दुस्तान में हिन्दु-मुस्लिम विभेद। अंग्रेज़ों ने इस हथियार का पूरी तरह इस्तेमाल किया। अंग्रेज़ों ने मुस्लिम सांप्रदायिकता को भड़काकर भारत की उभरती हुई राष्ट्रीयता को क्षीण करने का उपक्रम किया। बंगाल विशेषकर कलकत्ता उस समय राष्ट्रवादी आंदोलनों का गढ़ बन रहा था। अतएव वाइसराय लॉर्ड कर्ज़न ने क्रांतिकारी गतिविधियों को रोकने के लिए मुस्लिम

सांप्रदायिकता का सहारा लिया। बंगाल को विभाजित करके दो भागों में बांट देने का उसने निश्चय किया।

दृश्य–11

(गवर्नर जनरल की अंतरंग बैठक)

कर्जन : बंगाल पार्टीशन के जरिये ब्रिटिश गवर्नमेंट की यह कोशिश है कि कलकत्ते की इम्पोर्टेन्स को कम करके बंगाली आबादी का बंटवारा किया जाए। इस तरह एक सेंटर फ़िनिश हो जाएगा, जहां से बंगाल और पूरे देश में कांग्रेस पार्टी की गाइडेन्स होती है और अंग्रेज़ी सरकार के ख़िलाफ साज़िशें की जाती हैं।

एक : इंटेलीजेन्स की रिपोर्ट है कि अगर बंगाल विभाजित हुआ तो दंगे होंगे। आंदोलन होंगे।

कर्जन : मैं जानता हूँ। इसका अपोज़ीशन होगा। अगर हमने इसको अभी नहीं दबाया तो हम बंगाल को कभी डिवाइड नहीं कर पायेंगे। अपोज़ीशन को न दबा पाने का मतलब होगा–पहले से ही मज़बूत ताक़त को और मजबूत बनने का मौक़ा देना।

दो : इस डिवीज़न से बंगाली कैसे कमजोर होंगे? लार्ड कर्जन, इसे और एलूसिडेट करें।

कर्जन : सिम्पल। ईस्ट बंगाल, जिसका कैपिटल ढाका होगा, उसमें एक करोड़ बीस लाख बंगाली हिन्दू होंगे और एक करोड़ अस्सी लाख मुसलमान। मुसलमान हमारे साथ हैं। वे मेजारिटी में होने की वजह से बंगाली हिन्दुओं को दबाकर रखेंगे।

दो : और पश्चिमी बंगाल में?

कर्जन : एक करोड़ सत्तर लाख बंगाली, लेकिन 3 करोड़ सत्तर लाख उड़िया और हिन्दी बोलने वाले। इस तरह हम बंगाल के पार्टीशन के बाद दोनों ही बंगाल में बंगाली हिन्दुओं को माइनार्टि में बना देंगे। ये बंगाली हिन्दू ही ब्रिटिश राज के असली दुश्मन हैं।

(दृश्य समाप्त)

सूत्रधार : प्रस्तावित बंगाल विभाजन के विरूद्ध ज़बर्दस्त विरोध की लहरें उठीं। हज़ारों विरोध-सभाएं हुईं, परचे बांटे गए, अंग्रेज़ सरकार को अनगिनत ज्ञापन भेजे गए, हज़ारों हज़ारों दस्तख़तों के साथ याचिकाएं दी गईं। "हितवादी", "बंगाली" और "संजीवनी" नामक अख़बारों और पत्रिकाओं के माध्यम से आंदोलन छेड़ा गया, लेकिन सरकार टस-से-मस न हुई। सरकार ने 10 जुलाई, 1905 को

ऐलान कर दिया कि 16 अक्टूबर, 1905 से विभाजन प्रभावी होगा। बस फिर क्या था। पूरे बंगाल में जैसे आग लग गई। 7 अगस्त, 1905 को कलकत्ते के टाउन हॉल में ऐतिहासिक बैठक हुई। इसमें सुरेन्द्रनाथ बैनर्जी अध्यक्ष थे।

दृश्य–12

(सुरेन्द्रनाथ बैनर्जी प्रकाशवृत्त में उद्‌भासित होते हैं)

बैनर्जी : अगर हम इंग्लैण्ड में बने माल को खरीदना बंद कर दें तो इंग्लैण्ड की कमर टूट जाएगी। ब्रिटिश राज से बदला लेने का एक यही रास्ता है। हम लोग आज से विदेशी वस्तुओं का बहिष्कार करते हैं। साथ ही हम शपथ लेते हैं कि केवल स्वदेशी वस्तुओं का उपयोग करेंगे। वन्देमातरम्!

(वन्देमातरम् के साथ विदेशी कपड़ों की होली)

(दृश्य समाप्त)

सूत्रधार : बंगाल में स्वदेशी आंदोलन के कर्णधार थे विपिन चन्द्र पाल, सरदार भगतसिंह के चाचा अजीत सिंह तथा अरविन्द घोष। स्वदेशी आंदोलन बंगाल तक ही सीमित नहीं रहा। लाला लाजपतराय और अजीत सिंह के नेतृत्व में स्वदेशी आंदोलन पंजाब में भी पहुंचा। रावलपिंडी, मुलतान, कांगड़ा और हरिद्वार में विदेशी वस्तुओं की होली जलाई गई। सैय्यद हैदर रज़ा के नेतृत्व में दिल्ली में तथा चिदम्बरम पिल्लै के नेतृत्व में मद्रास प्रेसीडेंसी में स्वदेशी आंदोलन ने जोर पकड़ा। लोकमान्य तिलक ने मुंबई और पुणे में स्वदेशी का संदेश पहुंचाया। **(गगनिका पर तिलक, अजित सिंह, लाजपतराय, विपिन चन्द्र पाल, सैय्यद हैदर रजा के चित्र)** बंग-भंग के विरूद्ध स्वदेशी आंदोलन 1857 की क्रांति के बाद पहला स्वतंत्रता-संघर्ष था, जिसकी अनुगूंज पूरे देश में सुनाई पड़ी थी।

वन्देमातरम्

दृश्य–13

(एक अंग्रेज सार्जेन्ट और एक हिन्दुस्तानी सिपाही मंच पर आते हैं। अचानक नेपथ्य से वन्देमातरम् की आवाज सुनाई पड़ती है।)

सिपाही : हुज़ूर, वन्देमातरम्!

सार्जेन्ट : वन्देमातरम् बोला?

सिपाही : हुज़ूर बोला। वन्देमातरम्।

सार्जेन्ट : **(बिगड़कर)** वन्देमातरम् बोलता?

सिपाही : **(घबराकर)** हाँ हुज़ूर बोलता।

सार्जेन्ट : तुम बागी हो गया। तुम वन्देमातरम् बोलता! आई विल किल यू। **(सिपाही का गला पकड़ता है।)**

सिपाही : मैं नहीं बोला। हुज़ूर, मैं वन्देमातरम् नहीं बोला।

सार्जेन्ट : तो कौन बोला?

सिपाही : उधर बोला। लड़का लोग बोला। बागी लोग बोला।

सार्जेन्ट : कहाँ है वह लड़का लोग?

सिपाही : उधर! उधर!

(सार्जेन्ट सिपाही द्वारा बताई गई दिशा में जाता है। लड़का दूसरी ओर से भागता मंच पर आता है। उसे सिपाही पकड़ लेता है।)

सिपाही : किधर भागते हो बच्चू। मेरे शिकंजे से बच पाना आसान नहीं है। मैंने अंग्रेज़ का नमक खाया है। मैं जयकिशन नहीं जो मुझसे बच जाओ। मैं अब जैक्सन हूँ। जैक्सन। मैंने मैंचेस्टर की वर्दी पहनी है, लिवरपूल का नमक खाया है। तुम बोले थे वन्देमातरम्?

(लड़का गले से आवाज़ निकालकर और हाथ के इशारे से बताता है कि वह बहरा और गूंगा है।)

सिपाही : ऐं, यह तो बहरा–गूंगा है। यह कैसे बोलेगा वन्देमातरम्?

(सार्जेन्ट दौड़ता हुआ वापस आता है।)

सार्जेन्ट : वह बदमाश तो भाग गया। ये कौन है? क्या यह भी वन्देमातरम् बोला था?

सिपाही : यह तो बहरा-गूंगा है। यह कैसे बोलेगा?

सार्जेन्ट : यह झूठा है। सब बंगाली हिन्दू बागी हैं। **(नेपथ्य से वन्देमातरम् की आवाज़ आती है)**। **(उधर जाने को बढ़ता है)** मैं देखता हूँ उस बदमाश को।

लड़का-2 : **(दूसरी तरफ से प्रवेश करते हुए)** साहब! साहब!

सार्जेन्ट : **(जाते-जाते रुककर)** क्या है?

लड़का-2 : गॉड सेव द किंग!

सार्जेन्ट : क्या मांगता?

लड़का-2 : साहब, मैं जानता हूँ कि वह लड़का जो वन्देमातरम् बोलता है, कहां छिपा है।

सार्जेन्ट : कहाँ छिपा है? बताओगे, तो इनाम मिलेगा। **(दो लड़के और आ जाते हैं।)**

लड़का-3 : साहब! हम लोग भी जानते हैं उस लड़के को।

लड़का-4 : वह वन्देमातरम् बोलने वाला लड़का! साहब मैं भी उसको जानता हूँ।

सार्जेन्ट : तो बताओ कहां है वह ? एक बार मिल जाए तो फिर नहीं बोल पायेगा।

लड़का-2 : आप वन्देमातरम् बोलने वाले को ढूंढ रहे हैं।

सार्जेन्ट : हाँ।

लड़का-2 : वह तो मैं हूँ। मैं ही बोलता हूँ वन्देमातरम।

सार्जेन्ट : **(लड़के-2 की तरफ डंडा मारने को बढ़ता है।)** यू रास्कल! **(लड़का-2 नेपथ्य में भाग जाता है। सार्जेन्ट उसके पीछे जाता है, तो लड़का-3 वन्देमातरम् बोलता है। सार्जेन्ट लड़का-2 को छोड़कर लड़का-3 के पीछे भागता है, तभी लड़का-4 पीछे से बोलता है—वन्देमातरम्।)**

सार्जेन्ट : **(सिपाही से)** उसको छोड़ो। उन बदमाशों का पीछा करो। **(जैसे ही सिपाही लड़का-1 को छोड़कर लड़का-4 के पीछे भागता है, तो वह भी वन्देमातरम् बोलता है। चार लड़के चार तरफ से एक-एक करके "वन्देमातरम" बोलते हैं। सार्जेन्ट कभी एक के पीछे, तो कभी दूसरे के पीछे भागता है।)**

सिपाही : **(सार्जेन्ट की ओर इशारा करके)** यह वन्देमातरम् तो अंग्रेजी सरकार को नचा रहा है। जब गूंगा भी वन्देमातरम् बोलने लगे, तो समझो हो गई छुट्टी अंग्रेज़ों की।

(नेपथ्य से वन्देमातरम् गायन)

(दृश्य समाप्त)

दृश्य—14

(वन्देमातरम् गाते हुए लोगों का दल)

(दृश्य समाप्त)

सूत्रधार : 16 अक्टूबर, 1905 को जिस दिन बंगाल का विभाजन हुआ, पूरे बंगाल में शोक-दिवस मनाया गया। लोगों ने उपवास किया। उनके घरों में चूल्हे नहीं जले। राष्ट्रीय गीत गाते प्रभातफेरियाँ निकलीं। हजारों लोगों ने गंगा में स्नान करके काली के मन्दिर में जाकर संघर्ष चलाए रखने के लिए शपथ ली। एक-दूसरे को राखी बांधी। अब तक कांग्रेस के अधिवेशन रईसों और वकीलों की महफ़िल होते थे, जिसमें वे हर साल बड़े दिन की छुट्टी काटने भाग लेते थे। स्वदेशी आंदोलन सही अर्थों में पहला धरती से जुड़े लोगों का आंदोलन था, जिसकी बैठकों में 70-75 हजार लोग भाग लेते थे, और एक साथ

गगनभेदी शब्दों में वन्देमातरम् का जयघोष करते थे। वन्देमातरम् इस आंदोलन का युद्धघोष था।

मुसलमान प्रतिनिधि मंडल– 1.10.1906

सूत्रधार : बंगाल के विभाजन से भड़के वन्देमातरम् आन्दोलन की तीव्रता को देखकर अंग्रेज़ों को लगा कि अगर कुछ कारगर उपाय नहीं किए गए तो उनका हिन्दुस्तान से जल्दी ही बोरिया बिस्तर उठ जाएगा। उन्होंने राष्ट्रीय आन्दोलन को शिथिल करने के लिए हिन्दुओं और मुसलमानों के बीच खाई डालने की योजना बनाई।

अंग्रेज़ों की योजना के अनुसार मुसलमानों का एक डेलीगेशन आग़ा खाँ की अध्यक्षता में अक्टूबर 1906 को वाइसराय मिन्टो से मिला। जैसा वाइसराय लार्ड मिन्टो ने चाहा था, उसमें सभी सूबों के नामी-गिरामी मुसलमान शामिल थे। इस डेलीगेशन ने वायसराय को वही "एड्रेस" पेश किया जिसका मसविदा अलीगढ़ कॉलेज के प्रिन्सिपल सार्कीबौल्ड ने तैयार करवाया था।

दृश्य–15

(वाइसराय कुर्सी पर बैठा हुआ दिखाई पड़ता है। मुस्लिम डेलीगेशन के सदस्य प्रवेश करके वाइसराय को सलाम करते हैं)

मिन्टो : **(सलाम का उत्तर देते हुए)** सलोम! सलोम! मैं ऑल इंडिया मोहमडन डेपूटेशन को 'वेलकम' करता हूँ। मुझे इस बात की ख़ुशी है कि इस डेपूटेशन के लीडर आग़ा खॉन साहब हैं, जो ब्रिटिश एम्पायर के दोस्त हैं। मैं उनको भी वेलकम करता हूँ। **(सब ताली बजाते हैं।)**

मिन्टो : मैं आगा खाँ साहब से रिक्वेस्ट करूंगा कि वह अपनी मांगों को 'इन ब्रीफ़' मुझे बताएँ।

आगा खां : मैं सबसे पहले हिन्दोस्तान के सभी मुसलमानों की तरफ़ से जनाब वाइसराय साहब को यक़ीन दिलाना चाहूंगा कि सब मुसलमान दिलो-जान से बर्तानी हुकूमत के वफ़ादार हैं।

मिन्टो : थैंक्यू वेरी मच।

आगा खां : हिन्दोस्तान के मुस्लिम उम्मा की कुछ मांगें हैं। मांगों की तहरीर मैं आपकी ख़िदमत में बाद में पेश करुंगा। फ़िलहाल उनमें से कुछ ख़ास मांगों की तरफ आपकी तवज्जोह चाहूँगा। हिन्दोस्तान में ब्रिटिश सरकार की तर्ज़ पर बनाई गई "रिप्रेज़ेन्टेटिव" सरकार

मुसलमानों को क़बूल नहीं होगी। "मेजोरिटी" के ज़रिये बनाई गई सरकार "माइनोरिटीज़" के साथ इंसाफ़ नहीं कर सकती। हम मुसलमान अपनी क़ौम की भलाई 'अनसिम्पेथेटिक मेजोरिटी' के फ़ैसले पर छोड़ने को तैयार नहीं हैं।

मिन्टो : यू आर राइट।

आगा खाँ : किसी भी क़ौम का दर्जा सरकारी नौकरी में उसके हिस्से पर मुनस्सर होता है। इसलिए हमारी दरख़्वास्त है कि गज़टेड नौकरियों में, मातहत नौकरियों में और बाबू की नौकरियों में मुसलमानों को वाजिब हिस्सा मिले। शुक्रिया। **(सलाम करके बैठ जाता है)।**

मिन्टो : **(पढ़ते हुए)** आग़ा खां साहब और आपके साथ आए सब मुआज़्ज़िज़ मुसलमान साहिबान, मैं आपका शुक्रगुज़ार हूँ कि आपने मुझे मुसलमानों की वाजिब मांगों की, और हमारी "एम्पायर" की "पॉलिटकल हिस्ट्री" में भागीदारी करने के उनके फैसले की तारीफ़ करने का मौक़ा दिया। आपकी मांग का लुब्बेलुबाब यह है कि कोई भी "रिप्रेजेन्टेटिव सिस्टम", चाहे वह म्युनिसिपेल्टी में हो या डिस्ट्रीक्ट बोर्ड में या लेजिस्लेटिव काउंसिल में, अगर लागू किया जाए, तो मुस्लिम कम्युनिटी का रेप्रज़ेन्टेशन कम्युनिटी की शक्ल में होना चाहिए।

"आप लोगों की यह मांग जस्ट है" कि आप लोगों के इंटेरेस्ट का केलकुलेशन आपकी पोपुलेशन के ज़रिए नहीं होना चाहिए, बल्कि आपकी क़ौम की पालिटिकल इम्पोर्टेन्स और एम्पायर को दी गई आपकी ख़िदमत पर मुनस्सर होना चाहिए।

(दृश्य समाप्त)

सूत्रधार : अंग्रेज़ों का अपने देश से हज़ारों मील दूर भारत में अपने राज को बनाए रखने का केवल एक नुस्ख़ा था–

"हिन्दुस्तानियों को हिन्दुस्तानियों से लड़ाना।"

दिसम्बर 1906 में मुस्लिम लीग की स्थापना के पहले भारत की आजादी की लड़ाई में दो धारायें थी। एक क्रान्तिधारा, दूसरी सुधारधारा। अब एक तीसरी धारा का श्रीगणेश हुआ.. मुस्लिम-अलगाव की धारा।

नरमदल और गरमदल

दृश्य–16

कांग्रेसी 1 : ये गरम दल के लोग बाल गंगाधर तिलक को कांग्रेस के सूरत अधिवेशन का प्रेसीडेन्ट बनाना चाहते हैं।

कांग्रेसी 2 : हमें क्या करना चाहिए?

कांग्रेसी 1 : यह भी तय हो गया है। हम लोग तिलक को कांग्रेस का प्रेसीडेन्ट नहीं बनने देंगे।

कांग्रेसी 2 : तो किसको बनाएंगे?

कांग्रेसी 1 : रासबिहारी घोष को।

कांग्रेसी 2 : इतना आसान नहीं है तिलक को हटाना। मराठे उनकी पूजा करते हैं। गुजराती भी उनके कम भक्त नहीं हैं।

कांग्रेसी 1 : हमें मालूम है। उसका भी इन्तज़ाम कर लिया है।

कांग्रेसी 2 : क्या इन्तजाम कर लिया है?

कांग्रेसी 1 : इतने आदमी बुला लिए गए हैं कि गरम दल वाले उनके आगे कम पड़ जाएंगे। हम लोग नहीं चाहते कि अंग्रेज़ों से सीधी लड़ाई लड़कर आफ़त मोल लें।

कांग्रेसी 2 : तिलक जी तो यही चाहते हैं– हम अंग्रेज़ को उखाड़ फेंके।

कांग्रेसी 1 : **(चिढ़ाते हुए)** अंग्रेज को उखाड़ फेंके। अंग्रेज़ कोई गाजर-मूली हैं, जो उखाड़ फेंकेंगे। अंग्रेज इतने कमज़ोर होते तो पूरे हिन्दुस्तान पर उनका राज न होता। पूरी दुनिया में उनकी हकूमत है। अंग्रेजी राज में कभी सूरज नहीं डूबता।

कांग्रेसी 2 : ठीक कहते हो। ऐसे अंग्रेजों से लड़ाई करना! ये तो वही हुआ "आ बैल मुझे मार"। जानबूझ कर आग में कूदना।

कांग्रेसी 1 : अंग्रेज़ों ने वादा किया है कि जब हिन्दुस्तानी इस क़ाबिल हो जाएंगे कि वह इस मुलक में अपनी हुकूमत चला सकें तो वह खुद-ब-खुद चले जाएंगे। अंग्रेज़ भले आदमी हैं। हमें उन पर भरोसा करना चाहिए। लेकिन ये तिलक जैसे गरम दल के लोग कांग्रेस को बदनाम करेंगे और हम सबको मरवायेंगे।

कांग्रेसी 2 : तो अब करना क्या है?

कांग्रेसी 1 : सब इन्तज़ाम हो गया है। हम तिलक को प्रेसीडेन्ट नहीं बनने देंगे। ब्रितानी सरकार हमारे साथ है। वह भी परदे के पीछे से नरम दल की मदद कर रही है। बस देखते चलो। तिलक और उनके गरमदल को तो दूध की मक्खी की तरह से कांग्रेस से निकाल दिया जाएगा।

कांग्रेसी 2 : कैसे?

कांग्रेसी 1 : कहा न, सब इन्तज़ाम कर दिया है। सन् 1907 का यह सूरत का कांग्रेस अधिवेशन इतिहास में याद किया जाएगा। **(आँख मारकर)** बस देखते जाओ।

(दृश्य समाप्त)

सुरत कांग्रेस–1907

दृश्य–17

(सूरत अधिवेशन। कुछ नेता मंच पर हैं। बाकी सब सामने बैठे हैं)

नेता 1 : मैं कांग्रेस के सुरत अधिवेशन के अध्यक्ष पद के लिए बाबू रास बिहारी घोष का नाम प्रस्तावित करता हूँ।

(भीड़ ताली बजाती है)

नेता 2 : मैं श्री बाल गंगाधर तिलक का नाम प्रस्तावित करता हूँ।

(भीड़ चिल्लाती है– नहीं नहीं)।

(कुछ लोग आगे बढ़कर नेता-2 को भगा देते हैं। एक व्यक्ति पीछे से जूता फेंकने का उपक्रम करता है। दृश्य "जड़" हो जाता है।)

सूत्रधार : गरम दल को लगा कि नरम दल वाले साज़िश करके बाल गंगाधर तिलक को कांग्रेस का अध्यक्ष नहीं बनने देना चाहते। इसलिए गरमदल के किसी एक अनुयायी ने मंच पर जूता फैंका, जो सर सुरेन्द्रनाथ बनर्जी के सिर को छूता हुआ सर फीरोजशाह मेहता से टकराया। बस फिर क्या था। दोनों दलों में खुलकर जूतम-पैज़ार शुरू हो गई।

(कांग्रेस के अधिवेशन के सामने सफेद पर्दा आ जाता है जिस पर परछाई में दोनो दलों की हाथापाई दिखाई पड़ती है और शोर-शराबा सुनाई पड़ता है।)

(दृश्य समाप्त)

क्रान्तिधारा

(गगनिका पर खुदीराम बोस तथा प्रफुल्ल कुमार चाकी के चित्र)

सूत्रधार : तीस अप्रैल 1908 का दिन भारतीय इतिहास में सुनहरे अक्षरों में लिखा जाएगा। 30 अप्रैल 1908 को खुदीराम बोस ने कलकत्ता के चीफ प्रेसीडेन्सी मजिस्ट्रेट मि॰ किंग्सफ़ोर्ड को मारने के लिए उनकी बग्घी पर बम फेंका था। भारतीय स्वतंत्रता के लिए किसी अंग्रेज़ पर फेंके जा कर विस्फोटित होने वाला यह पहला हिन्दुस्तानी बम था।

(बम की आवाज़)

दृश्य–18

(पुलिस की सीटियों की आवाज़। दो नवयुवक दो अलग-अलग दिशाओं में भागते हैं। पुलिस दोनों का पीछा कर रही है। एक नवयुवक को पुलिस घेरकर, उस पर गोली चलाती है। वह नवयुवक वहीं गिरकर शहीद हो जाता है। दूसरे युवक को पुलिस घेरकर गिरफ्तार कर लेती है।)

(दृश्य समाप्त)

सूत्रधार : बम-विस्फोट के बाद ख़ुदीराम बोस तथा उनके साथी प्रफुल्ल कुमार चाकी दो दिशाओं में अलग-अलग भागे। प्रफुल्ल कुमार चाकी पुलिस मुठभेड़ में शहीद हो गया। ख़ुदीराम को गिरफ्तार करके मुक़दमा चलाया गया। उसे फांसी की सज़ा सुनाई गई। 11अगस्त 1908 को एक हाथ में गीता लेकर वन्देमातरम् का उद्घोष करके ख़ुदीराम बोस हंसते-हंसते फांसी पर लटक गया। उसकी आयु मात्र सत्रह वर्ष थी।

(गगनिका पर खुदीराम बोस का चित्र)

सूत्रधार : क्रान्ति के इस दौर में हज़ारों नवयुवकों ने ब्रितानी साम्राज्य को उखाड़ फेंकने के लिए शस्त्र उठाए। इस महासमर में अनेकों ने अपने प्राण और लहू से भारत माँ के चरणों में महावर रचा।

सूत्रधार : जिस समय भारत माँ के सपूत अपनी तरूणाई के प्रथम आवेश में भारत माँ के चरणों में अपने शीश अर्पण कर रहे थे, उस समय सुदूर दक्षिण अफ़्रीका में कांग्रेस के भावी कर्णधार महात्मा गांधी अपने अंहिंसात्मक सत्याग्रह के प्रयोग कर रहे थे।

(गगनिका पर महात्मा गांधी का चित्र)

महात्मा गांधी को भारतीय क्रांतिकारियों की हिंसात्मक गतिविधियाँ स्वीकार नहीं थी। उन्होंने अपने अख़बार *इंडियन ओपीनियन* में सन् 1908 में लिखा–

दृश्य–19

(प्रकाशवृत्त महात्मा गांधी को उद्भासित करता है। महात्मा गांधी मेज़ पर बैठे लिखते दिखाई पड़ते हैं। फिर वह अपने लिखे को पढ़ते हैं।)

गांधी : "बहुत से लोग बम फूटने पर ख़ुश होते हैं। इसमें उनकी नासमझी और अज्ञान ही पता लगता है। अगर सब अंग्रेज़ों की हत्या हो जाए, तो जो उनकी हत्या करेंगे वह हिन्दुस्तान के मालिक बन जाएंगे और हिन्दुस्तान ग़ुलाम ही बना रहेगा। वह बम जिससे अंग्रेज़ों की हत्या होगी, वह बम अंग्रेज़ों के जाने के बाद भारत पर गिरेगा"।

(दृश्य समाप्त)

सूत्रधार : उस समय भारत के बाहर विदेशों में भी भारतीय चुपचाप नहीं थे। अंग्रेजी हुकूमत को उखाड़ फेंकने के लिए वह भी कटिबद्ध थे। 1857 के प्रथम स्वतंत्रता युद्ध की अर्धशताब्दी स्वातंत्र्य-वीर विनायक दामोदर सावरकर की पहल पर इन लोगों ने लंदन में 1908 में मनाई।

मदनलाल धींगरा

दृश्य—20

(मदन लाल क्रोध में सावरकर के पास आकर बैठ जाता है।)

सावरकर : क्या बात है मदनलाल। बहुत ख़ामोश हो। क्या ग़ुस्से में हो।

धींगरा : हाँ मैं ग़ुस्से में हूँ। लेकिन तुमसे नहीं सावरकार।

सावरकर : तो किससे?

धींगरा : उन फिरंगियों से। हरामज़ादे!

सावरकर : क्या हुआ?

धींगरा : 1857 की अर्धशताब्दी पर जो बैज तुमने दिया था, वह मैं कोट में लगाकर कालेज गया था। वहाँ दूसरे गोरे लड़कों ने मज़ाक बनाया। मैं एक-एक को देख लूंगा।

सावरकर : इन सबके पीछे सर कर्ज़न वाइली का हाथ है। वह हम हिन्दुस्तानियों के पीछे पड़ा है। अगर देखना ही है तो सर कर्ज़न वाइली को देखो।

धींगरा : मैं किसी से नहीं डरता। उसे भी देख लूंगा। मैं प्रण करता हूँ।

सावरकर : धींगरा, यह चाय के प्याले का तूफ़ान है?

धींगरा : नहीं, यह क्रान्तिकारी के हृदय का तूफ़ान है। जब चाहो देख लेना,

सावरकर : देखूँ?

धींगरा : हाँ देख लो।

सावरकर : हथेली खोलकर मेज पर रखो। **(धींगरा वैसे ही करता है।)** इस सूजे से हाथ में छेद कर दूँ? डरोगे नहीं?

धींगरा : डर किस चिड़िया का नाम है? कर दो छेद। **(सावरकर हथेली में**

सूजा घुसाता है। धींगरा अडिग रहता है।)

सावरकर : धींगरा तुम पास हो गए। तुम बेशक सर कर्ज़न वाइली का उद्धार कर सकते हो, जैसे भगवान राम ने रावण का उद्धार किया था और कृष्ण ने कंस का।

(दृश्य समाप्त)

सूत्रधार : उन दिनों इंग्लैंड में पढ़ने वाले भारतीय विद्यार्थियों को अंग्रेज़ भक्त बनाये रखने के लिए सरकार द्वारा प्रायोजित 'इंडियन नेशलन असोसिएशन' स्थापित करवाया था। योजनानुसार धींगरा सावरकर का साथ छोड़कर 'इंडियन नेशनल असोसिएशन' का सदस्य बन गया। एक जुलाई 1908 को असोसिएशन के वार्षिकोत्सव में जब सर कर्ज़न वाइली मुख्य अतिथि बनकर पहुंचा तो उसका स्वागत करने मदनलाल धींगरा सबसे आगे बढ़-चढ़कर था।

दृश्य—21

(वाइली का प्रवेश। दो तीन हिन्दुस्तानी विद्यार्थी उसके गले में माला डालते हैं)

धींगरा : सर, वैलकम टू इंडियन नेशनल असोसिएशन।

वाइली : हलो। **(हाथ बढ़ता है तभी मदनलाल उस पर रिवाल्वर से गोली बरसाता है। वाइली चीखता हुआ गिर पड़ता है।)**

(दृश्य समाप्त)

दृश्य—22

(प्रकाशवृत्त में धींगरा दिखाई पड़ता है।)

धींगरा : **(कैदी कटघरे से)**

मैं यह स्वीकर करता हूँ मैंने एक अंग्रेज़ का खून बहाया है। वह इसलिए बहाया है कि मैं भारतीय देशभक्त नौजावानों को फांसी पर लटकाए जाने का बदला ले सकूँ।

मैंने जो कुछ किया है, ठीक किया है। अंग्रेज़ों को भारत को अपने क़ब्ज़े में रखने का कोई अधिकार नहीं है। अगर जर्मन लोग इंग्लैड पर अधिकार कर लें तो अंग्रेज़ लोग वही करेंगे जो मैंने किया है। आप लोग मुझे मृत्युदंड दे सकते हैं। मेरी मृत्यु अंग्रेज़ी शासन के विरुद्ध आग भड़काने का काम करेगी। भारत माता की जय!

(दृश्य समाप्त)

दृश्य—23

(प्रकाशवृत्त में गांधी जी दिखाई पड़ते हैं।)

गांधी : मैं यह नहीं मानता कि धींगरा के कार्य से देश का हित हुआ है। मैं यह कहना चाहूँगा कि जो लोग यह समझते हैं कि ऐसी हत्यायें देश का भला करेंगी, वे नासमझ हैं। ...अगर इन हत्याओं की वजह से ब्रिटिश चले भी जायें तो उनकी जगह कौन हुकूमत करेगा? इसका केवल एक उत्तर है—हत्यारे। ...हिन्दुस्तान हत्यारों की हुकूमत से कुछ नहीं पायेगा।...

(दृश्य समाप्त)

सूत्रधार : कांग्रेस में नरम दल और गरम दल के झगड़े में ब्रिटिश सरकार नरमदल को बचाने आगे आई। उसने गरम दल के नेता बाल गंगाधर तिलक को गिरफ्तार करके छह साल के लिए भारत से दूर माँडले जेल में डाल दिया। इसी प्रकार लाला लाजपत राय को भी विदेश में शरण लेनी पड़ी। गरम दल के अन्य नेताओं को भी जेल में डाल दिया गया। गरम दल के नेताओं को जेल में डाल दिए जाने के बाद, नरम दल के गोपाल कृष्ण गोखले का कांग्रेस पर एकछत्र कब्जा हो गया। कांग्रेस एक बार फिर से अंग्रेज़ों के हित साधने वाली अंग्रेज़ों की वफ़ादार संस्था बन गई।

इन्हीं दिनों दक्षिण अफ्रीका में प्रवासी भारतीयों के नेताओं में मोहनदास करमचन्द गांधी का नाम अख़बारों में ज़ोर-शोर से छप रहा था। गांधी जी ने दिसम्बर 1913 में दक्षिण अफ़्रीका का अंतिम सत्याग्रह घोषित किया।

(गांधी का चित्र बड़ा होकर गगनिका पर दिखाई पड़ता है।)

दृश्य—24

(गांधी जी का प्रेस कान्फ्रेंस)

पत्रकार : गांधी जी आपने सत्याग्रह डिक्लेयर किया है। क्यों?

गांधी : आप सब जानते हैं कि यहाँ दक्षिण अफ़्रीका में रहने वाले हिन्दुस्तानियों की शिकायतें हैं और उनकी शिकायतों पर जांच करने के लिए स्मट्स गवर्नमेंट ने तीन मेम्बर्स की कमीशन बनाई है।

पत्रकार : आप नहीं चाहते कि जांच हो?

गांधी : मैं तो चाहता ही हूँ कि जांच हो। ट्रूथ इज माई गॉड, माई रेलीजन।

पत्रकार : तब फिर सत्याग्रह क्यों?

गांधी : हमने सरकार से अपील की थी कि कमीशन में कम-से-कम एक इंडियन मेम्बर होना चाहिए। लेकिन गवर्नमेंट ने हमारी अपील रिजेक्ट कर दी।

पत्रकार : इसी पर आप सत्याग्रह करेंगे?

गांधी : हाँ। पहली जनवरी 1914 को हम सत्याग्रह ''लांच'' करेंगे। हम और हमारे अंग्रेज़बन्धु पॉलक और कैलेनबॅक सत्याग्रहियों का एक जत्था लेकर डर्बन से कूच करेंगे।

पत्रकार : अगर गवर्नमेंट ने गिरफ़्तार कर लिया?

गांधी : हम लोग गिरफ़्तार होने के लिए ही डर्बन से कूच करेंगे। गवर्नमेंट हमें गिरफ़्तार करेगी तो हम गिरफ़्तार हो जाएंगे। हम रेज़िस्ट नहीं करेंगे। यही सत्याग्रह का नियम है। **(तब ही तेज कदमों से एक आदमी आता है और गांधी जी को एक ओर ले जाकर कान में कुछ कहता है।)**

गांधी : दोस्तों अभी एक ख़बर मिली है। दक्षिण अफ़्रीका की रेलरोड कंपनी के गोरे कर्मचारियों ने हड़ताल कर दी है। तोड़फोड़ भी की है और हिंसा की कार्यवाही भी की है।

पत्रकार : इस बारे में आपको क्या कहना है?

गांधी : रेलरोड के गोरे कर्मचारियों की हड़ताल से साउथ अफ़्रीका की सरकार भी परेशान है। इसलिए मैंने यह फ़ैसला लिया है कि हम अपना सत्याग्रह का ऐलान वापस लेते हैं। विरोधियों को नष्ट करना, कष्ट पहुंचाना, नीचा दिखाना और उनके संकट से फ़ायदा उठाना सत्याग्रही का धर्म नहीं है।

(पत्रकार केलनबॅक, पॉलक आदि सब ताली बजाते हैं)

पत्रकार : आपकी आगे क्या योजना है?

गांधी : मिस्टर गोपाल कृष्ण गोखले ने मुझे हिन्दुस्तान आने का संदेश भेजा है। मैं अफ़्रीका छोड़कर हिन्दुस्तान जा रहा हूँ। जनवरी 1915 तक मैं हिन्दुस्तान पहुँच जाऊँगा।

जलियाँवाला बाग

दृश्य–25

संचालक : भाईयों और बहनो, आज बैसाखी का दिन है। आज यहाँ जलियाँवाला बाग़ में हिन्दू, मुसलमान और सिख सब बैसाखी के पवित्र दिन पर देशभक्ति का त्यौहार मनाने इकट्ठे हुए हैं। सरकार

ने रौलेट एक्ट बनाया है। यह शैतानी पंजा है, जो हम सबको जकड़कर कुचल देगा। इस नये क़ानून के तहत सरकार जिसको चाहे, जब चाहे और जब तक चाहे, जेल में डाल सकती है। यह ऐसा क़ानून है जिसके ख़िलाफ वकील नहीं, दलील नहीं, अपील नहीं। गवर्नर माइकेल ओ डायर ने अन्याय और अत्याचार की हद कर दी है। हमारे नेता सतपाल और सैफ़ुद्दीन किचलू को जेल में डाल दिया है। यह 13 अप्रैल 1919 का पाक दिन, इतिहास में हमेशा याद किया जाएगा, क्योंकि आज हम सब अन्याय के ख़िलाफ शांतिपूर्वक अपनी आवाज़ बुलन्द करने यहाँ जलियांवाला बाग़ में एकजुट हुए हैं। **(अचानक गोली चलने की आवाज।)**

(लोग इधर उधर भागते हैं। गोली खाकर गिरते हैं। चीख़, पुकार, ख़ून)

(दृश्य समाप्त)

ख़िलाफ़त आन्दोलन

दृश्य–26

(मंच पर पीछे बैनर लगा है (अंग्रेजी और उर्दू में) –"ऑल इंडिया ख़िलाफ़त तहरीक")

संचालक : बिरादरे आलम, यह दौर मुसलमानों के लिए इम्तहान का वक़्त है। अंग्रेज़ मुसलमानों के दुश्मन हैं। अंग्रेज़ टर्की में ख़िलाफ़त को मिटा देना चाहते हैं। अगर ख़िलाफ़त खत्म कर दी गई तो दुनियाभर के मुसलमान यतीम हो जाएँगे। हिन्दुस्तान के मुसलमान ऐसा नहीं होने देंगे। वह अपनी जान पर खेल जाएंगे। अंग्रेज़ों की साज़िश कामयाब नहीं होने देंगे। हमारे बीच आज महात्मा गांधी मौजूद हैं। वह भरोसा दिला रहे हैं कि मुसलमानों की ख़िलाफ़त की लड़ाई में हिन्दू भी साथ देंगे। मैं महात्मा गांधी से दरख़्वास्त करूंगा कि इस मसले पर अपने ख़्यालात इज़हार करें।

गांधी : मेरे मुसलमान भाइयों, हकीम– अजमल ख़ां साहब, जनाब डाक्टर अंसारी, जनाब मौलाना मोहम्मद बारी। मैं मुसलमान भाईयों को विश्वास दिलाना चाहता हूँ कि सारे हिन्दू आपके साथ हैं। मेरे लिए

ख़िलाफ़त का मामला उतना ही अहम है, जितना मुसलमान भाइयों के लिए। ख़िलाफ़त के सवाल पर अगर ज़रूरत पड़े तो मैं स्वराज के सवाल को भी 'सस्पैंड' कर सकता हूँ। अंग्रेज़ सरकार ने मुझे क़ैसरे हिन्द का मैडल दिया था। जुलूवार और बोर वार में सेवा के लिए वार मैडल मिले थे। मेरे लिए यह इज्ज़त बहुत क़ीमती रही है। जब तक मेरे मुसलमान भाइयों को तुर्की के ख़लीफ़ा पर की गई नाइंसाफी से कष्ट होता है, तब तक मेरे लिए यह मैडल बेमानी है। मैं इन मैडल्स को वापस करता हूँ।

(ज़ोरदार ताली)

गांधी : मेरी सलाह है कि ख़िलाफ़त पर अंग्रेज़ों की नाइंसाफ़ी को रोकने के लिए हमें उनके ख़िलाफ़ असहयोग आन्दोलन चलाना चाहिये। हिन्दू और मुसलमान मिलकर अंग्रेज़ सरकार से अहसयोग करेंगे। विद्यार्थी स्कूल छोड़ देंगे। सरकारी नौकर नौकरी छोड़ देंगे। वकील अदालत में नहीं जाएंगे। विदेशी कपड़ों और सामान की होली जलाएं। कांग्रेस भी इसमें मदद करेगी। मैं चाहता हूँ कि ख़िलाफ़त कांफ्रेन्स और कांग्रेस एक रूह और एक जिस्म होकर अंग्रेज़ों के ख़िलाफ़ असहयोग आन्दोलन छेड़ें।

(जोरदार ताली)

गांधी : ख़िलाफ़त हिन्दू-मुसलमान एकता लाने का ऐसा अवसर है, जो अगले सौ सालों में नहीं आएगा। हम खिलाफ़त आंदोलन करेंगे, तो मैं विश्वास दिलाता हूँ कि स्वराज एक साल में मिल जाएगा।

(दृश्य समाप्त)

दृश्य—27

(जुलूस-हिन्दू और मुसलमान दोनों)

(नारे :) हिन्दू मुस्लिम एकता जिंदाबाद!
गांधी जी जिन्दाबाद।
मौलाना मोहम्मद अली जिन्दाबाद।
मौलाना शौकत अली जिन्दाबाद।

(दृश्य समाप्त)

सूत्रधार : लगभग 50 हजार हिन्दू और मुसलमान ख़िलाफ़त आन्दोलन में जेल गए। सरकार ने अली बन्धुओं, मोतीलाल नेहरू, जवाहरलाल नेहरू, सी.आर. दास, अबुल कलाम आज़ाद, लाला लाजपत राय, सुभाषचन्द्र बोस, आदि सब बड़े नेताओं को गिरफ्तार कर लिया।

सिर्फ गांधी जी को गिरफ़्तार नहीं किया। एक साल बीत जाने पर भी स्वराज नहीं आया। आन्दोलन थमने लगा तो गांधी जी ने सात दिनों के भीतर सविनय अवज्ञा आन्दोलन प्रारंभ करने की घोषणा की।

दृश्य–28

अखबार वाला : आज की ताज़ा ख़बर।
चौरी चौरा में 22 पुलिसवाले मरे। जनता ने थाने में आग लगा दी। 22 पुलिस वाले-ज़िन्दा जल मरे। आज की ताज़ा ख़बर।

(दृश्य समाप्त)

दृश्य–29

(गांधी जी पर प्रकाशवृत्त)

गांधी : मैं अहिंसा का पुजारी हूँ। यह हिंसा! आन्दोलन अशुद्ध हो गया। मैं आन्दोलन वापस लेता हूँ। मैं पांच दिन उपवास करूँगा।

(दृश्य समाप्त)

दृश्य–30

गांधी : जवाहर अभी पूर्ण स्वराज मांगने का वक़्त नहीं आया है। हमें हालात के मुताबिक़ काम करना चाहिए।

नेहरू : बापू कब आएंगे वो हालात जब हम पूर्ण स्वराज मांगेंगे। क्या हम हमेशा ही अंग्रेज़ों के ग़ुलाम बने रहें, स्वराज पाकर भी आप यही चाहते हैं बापू?

गांधी : थोड़ा सब्र करो जवाहर।

नेहरू : बापू कब तक?

गांधी : एक साल तक। अगर एक साल में अंग्रेज़ हमें ब्रिटिश कामनवेल्थ में शामिल नहीं करते तो मैं ख़ुद ही स्वराज की जगह पूर्ण स्वराज की मांग का प्रस्ताव करूंगा। और हाँ जवाहर तुम्हें भगतसिंह और चंद्रशेखर आज़ाद की रिपब्लिकन आर्मी की तरफ़दारी में नहीं पड़ना चाहिए।

(दृश्य समाप्त)

क्रान्तिधारा

सूत्रधार : जिस समय कांग्रेस में आज़ादी की लड़ाई के लक्ष्य पर बहस हो रही थी, जब अधिकांश कांग्रेसी और गांधी जी अंग्रेज़ी ताज के नीचे ही 'डोमीनियन स्टेटस' की मांग कर रहे थे, उस समय अंग्रेज़ों को देश से पूरी तरह उखाड़ फेंकने के लिए क्रान्तिकारी नौजवान भारत माता के चरणों को अपने लहू से पखार रहे थे। **(राजेन्द्र नाथ लाहिड़ी की गगनिका पर तस्वीर)**

सूत्रधार : काकोरी षड्यंत्र केस में राजेन्द्र नाथ लाहिड़ी को फांसी की सज़ा सुनाई गई। फांसी के दिन जब जेलर उसे लाने उसकी बैरक में पहुंचा तो देखा कि वह पूजा पाठ करके फांसी के लिए तैयार बैठा है। वह ख़ुश-ख़ुश जेलर के साथ फांसी घर पहुंचा। फांसी के तख़्ते पर खड़े होकर–"भारत माता की जय" और "वन्देमातरम्" का घोष किया और 17 दिसम्बर 1929 को फांसी पर लटक गया। उस समय उसकी आयु 26 वर्ष थी।

(गगनिका पर रोशनसिंह, राम प्रसाद बिस्मिल और अशफाकुल्ला के चित्र)

सूत्रधार : हिन्दुस्तान के इतिहास में 19 दिसम्बर 1927 काले दिन के रूप में हमेशा याद किया जाएगा। इस एक ही दिन भारत के तीन महान क्रान्तिकारियों को अलग-अलग नगरों में फांसी दी गई। राम प्रसाद बिस्मिल को गोरखपुर में, रोशन सिंह को नैनी में और अशफाकुल्ला को फ़ैज़ाबाद में।

(गगनिका पर केवल राम प्रसाद बिस्मिल की तस्वीर रह जाती है।)

सूत्रधार : फांसी के पहले राम प्रसाद बिस्मिल से पूछा गया- उनकी अंतिम इच्छा क्या है। बिस्मिल ने जबाव दिया–अंग्रेज़ी राज का विनाश।

(गगनिका पर बिस्मिल की जगह रोशन सिंह का चित्र)

सूत्रधार : फांसी के समय रोशन सिंह के एक हाथ में गीता थी। पूरी शक्ति से-वन्देमातरम् का घोष करके उसने मृत्यु का वरण कर लिया। रोशनसिंह की आयु 26 वर्ष थी। बिस्मिल शायर थे। मशहूर गीत–"शहीदों की चिताओं पर लगेंगे हर बरस मेले"–बिस्मिल ने ही लिखा था। फांसी का फंदा गले में पड़ने से पहले उन्होंने आकाश की ओर देखा और ईश्वर से कहा–

दृश्य–31

(बन्दीवेश में बिस्मिल)

बिस्मिल : "मालिक तेरी रज़ा रहे और तू ही तू रहे।
बाकी न मैं रहूँ न मेरी आरज़ू रहे"।।

(दृश्य समाप्त)

सूत्रधार : फांसी के वक़्त नौजवान बिस्मिल की आयु 30 वर्ष की थी।

(गगनिका पर रोशनसिंह की जगह अशफाकुल्ला का चित्र)

सूत्रधार : रोशनसिंह को फांसी के कुछ दिन पूर्व किसी ने बताया कि उनके पिता ने अंग्रेज़ों को क्षमा याचना की अर्ज़ी दी थी। बस रोशन सिंह गुस्से से आग-बबूला हो गए और जब उनके पिता उनसे मिलने आए–

दृश्य–32

रोशन सिंह : **(क्रोध से)** क्या मुंह लेकर आप मुझसे मिलने आए हैं? आपने अंग्रेज़ों से मेरी जान के लीए भीख मांग कर हमारे ख़ानदान की बेइज्ज़ती कर दी।

पिता : क्या बकते हो। रोशन सिंह का बाप दोग़ला नहीं है। उसके शरीर में असली ख़ून है। उसने सरकार के आगे हाथ नहीं पसारे।

रोशन सिंह : तो क्या ये अंग्रेज़ों की चाल थी।

पिता : हो सकता है!

(दृश्य समाप्त)

सूत्रधार : अशफ़ाकुल्ला से मिलने उनके भाई रियासतुल्ला अपने दो बच्चों के साथ आए।

दृश्य–33

(भाई और दोनों बच्चे रो रहे हैं)

अशफाकुल्ला : **(बच्चों को अपने से चिपकाकर भाई की आँखों से आंसू पोंछते हुए)** अरे ये क्या भाई, एक मुसलमान को भी फांसी पर चढ़कर सबूत देने दो कि मुसलमान भी भारत माता के बेटे हैं। मुझे तो अपने ऊपर फ़ख़्र है कि मैं मुसलमानों में पहला ख़ुशनसीब हूँ जिसे यह सबूत देने का मौक़ा मिल रहा है। मैं अगर फाँसी पर चढ़ रहा हूँ तो अपने वतन, अपने देश के लिए

और क़ौम के लिए। तुम्हें तो मुझ पर फ़ख़्र होना चाहिए। मेरे भाई तुम लोग रोओ नहीं।

(दृश्य समाप्त)

(गगनिका पर जतीनदास का चित्र)

सूत्रधार : 13 सितम्बर 1929 को भगत सिंह के साथी जतीन्द्र नाथ दास ने जेल में 63 दिन की भूख हड़ताल बाद के अपना जीवन बलिदान कर दिया। पूरे देश में शोक छा गया। जब जतीन्द्र नाथ दास का शव कलकत्ते पहुंचा तो सुभाष चन्द्र बोस रातभर शव के पास बैठे रहे और दूसरे दिन नंगे पैर, नंगे सर, लाखों लोगों के साथ दाह संस्कार में गए। जतीन्द्र दास की आयु केवल 24 वर्ष की थी।

(गगनिका पर जतीन्द्र दास के चित्र के स्थान पर भगतसिंह का चित्र)

भगत सिंह

सूत्रधार : आठ अप्रैल 1929। दिल्ली में केन्द्रीय असेम्बली में एक बम विस्फोट हुआ। इस विस्फोट में किसी की मृत्यु नहीं हुई। किन्तु इसका धमाका इतना ज़ोरदार था कि बूढ़ा सोता हुआ हिन्दुस्तान चौंक कर जग उठा। भगतसिंह और बटुकेश्वर दत्त का यह काम था।

सूत्रधार : दिल्ली के एक बड़े ठेकेदार सर सोभा सिंह उस दिन अतिथि गैलरी में बैठे थे। वह जहाँ बैठे थे, वहाँ से सीधे भगतसिंह और उसके साथी को देख सकते थे। उन्होंने भगतसिंह को गिरफ्तार करने में सहायता दी। बाद में जेल में भगतसिंह की शिनाख़्त भी की।

दृश्य–34

मजिस्ट्रेट : आपका नाम?

सोभासिंह : सोभा सिंह।

मजिस्ट्रेट : पेशा?

सोभासिंह : ठेकेदारी। मैं सरकारी ठेके लेता हूँ। सिर्फ सरकारी।

मजिस्ट्रेट : ठीक है। यहाँ दस लोग खड़े हैं। पहचानिए इन लोगों में से उन मुलज़िमों को जिनको आपने असेम्बली में बम फेंकते देखा था। जिन पर आप हाथ रखेंगे, वह क़तार में से एक क़दम आगे आ जाएंगे।

(सोभासिंह लाइन में खड़े दस लोगों को एक-एक करके देखता है। फिर भगतसिंह और बटुकेश्वर दत्त पर हाथ रख देता हैं।)

(भगत सिंह और बटुकेश्वर दत्त लाइन से आगे निकल नारे लगाते हैं—'भारत माता की जय।' वन्देमातरम्।)

(सोभासिंह से मजिस्ट्रेट हाथ मिलाता है।)

(दृश्य समाप्त)

जवाहर लाल नेहरू

सूत्रधार : कांग्रेस अध्यक्ष मोतीलाल नेहरू बूढ़े थे, और बीमार रहते थे। हर हिन्दुस्तानी की तरह उनके दिल में भी अपने बेटे जवाहर लाल नेहरू के लिए प्रेम लबालब भरा था। अपनी ज़मीन, जायदाद, आनन्द भवन आदि के साथ वह अपने बाद अपने पुत्र का भी कांग्रेस की गद्दी पर राजतिलक चाहते थे। अतएव उन्होंने गांधी जी से अनुरोध ही नहीं किया, बल्कि बार-बार दबाव डाला।

दृश्य—35

(मोती लाल तथा महात्मा गांधी)

मोतीलाल : गांधी जी मैं पिछले एक साल से आपसे रिक्वेस्ट कर रहा हूँ—जवाहर के बारे में।

गांधी : मैं सोच रहा हूँ।

मोतीलाल : (डायरी देखकर) मैंने 11 जुलाई 1928 को आपको खत लिखा था।

गांधी : इतने सीनियर्स हैं। बल्लभ भाई पटेल के लिए पांच प्रान्तीय कांग्रेस कमीटियों ने सिफ़ारिश की है। जवाहर के लिए सिर्फ तीन प्रान्तीय कमीटियों ने।

मोतीलाल : प्रान्तीय कांग्रेस कमीटियाँ कुछ भी चाहें। मैं तो यह जानता हूँ कि आप कांग्रेस हैं। आप जो चाहेंगे वही होगा। अगर कांग्रेस को आगे बढ़ना है तो यह ज़रूरी है कि उसकी जगह नौजवानों में हो। अगर जवाहर लाल को कांग्रेस प्रेसीडेन्ट बनाया जाता है तो करोड़ों नौजवान कांग्रेस में खिंचे चले आएंगे। जवाहर लाल नौजवानों का प्यारा है।

गांधी : वल्लभ भाई पटेल से क्या कहें?

मोतीलाल : बल्लभभाई एक साल बाद कांग्रेस प्रेसीडेन्ट हो सकते हैं।

(दृश्य समाप्त)

सूत्रधार : गांधी जी को मोतीलाल की ज़िद के आगे झुकना पड़ा। गांधी जी के हस्तक्षेप से सरदार पटेल के स्थान पर जवाहर लाल कांग्रेस के अध्यक्ष बनाए गए। उनकी अध्यक्षता में कांग्रेस का लक्ष्य पूर्ण स्वराज घोषित किया गया। अंग्रेजों के विरुद्ध पूर्ण स्वराज की लड़ाई में गांधी जी ने नमक सत्याग्रह घोषित किया। उन्होंने साबरमती आश्रम से दांडी मार्च घोषित किया।

दृश्य–36

(पर्दे पर छाया में डांडी-यात्रा का दृश्य। गीत–"वैष्णव जन तो तैने कहिए, जो पीर पराई जाने रे")

(मंच पर विदेशी कपड़ों की होली जलाने के लिए लोग आकर एक-एक कपड़ा डालते हैं। लोग नारे लगा रहे हैं–"महात्मा गांधी की जय। महात्मा गांधी की जय"। जैसे ही एक आदमी दिया सलाई जलाकर आग लगाने बढ़ता है, वहाँ पुलिस आ जाती है। वह लोगों पर डंडे बरसाती है। जिसके हाथ झंडा है, वह जैसे ही गिरता है तो दूसरा झंडा उठा लेता है और चुनौती में पुकारता है–"महात्मा गांधी की जय।" पुलिस वाले उसको पीटकर उसके हाथ से झंडा छीन कर फेंकते हैं। वैसे ही तीसरा युवक झंडा उठाकर कहता है–"महात्मा गांधी की जय।" पुलिस उधर बढ़ती है। वैसे ही दृश्य समाप्त।)

(दृश्य समाप्त)

दृश्य–37

(मोहम्मद अली जिन्ना से पत्रकार प्रश्न पूछ रहे हैं)

पत्रकार-1 : जिन्ना साहब, पूरे मुल्क में जो आन्दोलन की आंधी चल रही है, उससे आप दूर क्यों हैं? आप इसमें क्यों नहीं है?

जिन्ना : व्हाई शुड आई बी इन इट।

पत्रकार-2 : आप तो कांग्रेस के अरसे तक मेम्बर रहे हैं?

जिन्ना : सो व्हाट?

पत्रकार-1 : साठ हजार से ज़्यादा सत्याग्रही जेल में हैं।

पत्रकार-2 : विदेशी कपड़ों के बहिष्कार से सूती कपड़ों का इंपोर्ट टैक्स एक चौथाई रह गया है।

पत्रकार-1 : बम्बई की 16 मिलें जिनके मालिक अंग्रेज हैं, बन्द हो गई हैं। ऐसे मौके पर जब मुकम्मल आजादी के लिए जंग छिड़ी है– आप खामोश हैं।

जिन्ना : यह मुकम्मल आजादी के लिए मूवमेंट नहीं है, इसलिए हमने गांधी के साथ आने से इंकार कर दिया है। ये मूवमेंट है, हिन्दुस्तान के सात करोड़ मुसलमानों को हिन्दू महासभा का मोहताज बनाने का।

(दृश्य समाप्त)

गांधी इरविन वार्ता

सूत्रधार : नमक सत्याग्रह और सविनय अवज्ञा आन्दोलन में लगभग नब्बे हज़ार लोग जेल में थे। गांधी जी तथा दूसरे कांग्रेसी नेता भी जेल में थे। 25 जनवरी 1931 को सरकार ने गांधी और कांग्रेस कार्यकारिणी समिति के सभी सदस्यों को बिना शर्त छोड़ दिया और गांधी जी को वायसराय से वार्ता के लिए आमंत्रित किया। पन्द्रह दिन की वार्ता के बाद गांधी इरविन समझौता हुआ। गांधी ने गोलमेज़ कांफ्रेंस में भाग लेना स्वीकार किया और सरकार ने सभी अहिंसक सत्याग्रहियों को जेल से छोड़ दिया।

भगत सिंह और साथियों को फांसी की सज़ा घोषित हो चुकी थी। 17 फरवरी से 5 मार्च 1931 तक गांधी इरविन वार्ता चली। इसमें भागत सिंह की फांसी का भी उल्लेख आया, लेकिन वाइसराय ने साफ शब्दों में उसमें दख़ल देने से मना कर दिया। गांधी जी चुप रह गए।

सूत्रधार : पूरे देश को गांधी जी से उम्मीद थी कि वह वाइसराय लार्ड इरविन से कहकर भगतसिंह, राजगुरु और सुखदेव की जान बचाने के लिए कहेंगे। दूसरी तरफ अंग्रेज़ों को उम्मीद थी कि भगतसिंह को फांसी दिए जाने के बाद देश में दंगा-फ़साद न उठने देने के लिए गांधी जी उनकी मदद करेंगे। 19 मार्च 1931 को ह्यूबर्ट एमर्सन, चीफ सेक्रेटरी भारत सरकार की गांधी जी से वार्ता हुई।

दृश्य–38

गांधी जी : मैंने सुना है कि भगतसिंह और उसके दो साथियों को फांसी देने के लिए 23 मार्च या 24 मार्च निश्चित है।

एमर्सन : तो?

गांधी जी : एक दिक़्क़त है। 24 मार्च को नया कांग्रेस प्रेसीडेन्ट कराँची में अपनी गद्दी सम्हालेगा।

एमर्सन : सरकार ने इस बात पर गंभीरता से विचार किया और अन्त में इस नतीजे पर पहुंचे कि फांसी टालना ठीक नहीं है। इससे उनकी उम्मीद जाग जाएगी और वह समझेंगे कि उनकी फांसी, लाइफटर्म में कम्यूट होने जा रही है। इससे सिर्फ उनकी और उनके घरवालों की तकलीफ़ बढ़ेगी। यह आपकी दृष्टि से भी ठीक नहीं होगा क्योंकि लोग समझने लगेंगे कि कम्यूटेशन का विचार हो रहा है, जो सही नहीं है।

गांधी : यह बात तो ठीक है। फिर भी मुझे लगता है कि सज़ा कम्यूट कर देना शायद अधिक बेहतर होगा।

इरविन : गांधी जी, सरकार को ख़तरा है कि इनकी फांसी से कंट्री में हलचल होगी। हम लोगों ने आपसे रिक्वेस्ट की थी कि अगले कुछ हफ़्तों तक दिल्ली में पब्लिक मीटिंग न होने देने में सरकार की मदद दें।

गांधी : मैं आपको विश्वास दिलाता हूँ कि मैं इस मामले में सरकार की पूरी मदद करूँगा।

एमर्सन : सुभाष बोस ने 20 मार्च को भगतसिंह की सिम्पेथी में एक पब्लिक मीटिंग का ऐलान किया है। इसमें प्रोवोकेटिव स्पीचेज़ दी जाएँगी। अगर यह मीटिंग नहीं रोकी गई तो सिचुएशन अनकंट्रोलेबल हो जाएगी।

गांधी : मि0 एमर्सन। रिलेक्स। जस्ट डॉन्ट वरी। मुझे इस पब्लिक मीटिंग की इन्फ़ोर्मेशन है। मैंने ज़रूरी सभी एहतियात ले ली हैं। मेरी सलाह है कि वहाँ पुलिस नहीं दिखाई पड़नी चाहिए और न बैठक में किसी तरह की रुकावट होनी चाहिए। लोगों में नाराज़गी है। अच्छा है वह अपने दिल की भड़ास निकाल लें। कुछ नहीं होगा। मेरी ज़िम्मेदारी।

एमर्सन : थेंक यू वैरी मच गांधी जी। थैंक्यू फ़ॉर एडवाइस।(दोनों हाथ मिलाते हैं।)

(दृश्य समाप्त)

दृश्य–39

(नेपथ्य से ''मेरा रंग दे बसन्ती चोला'' का गान। भगतसिंह, राजगुरु और सुखदेव फांसी घर में लाए जाते हैं। उनके हाथ बांधे जाते हैं। तीनों "वन्दे मातरम्" का नारा लगाते हैं। फांसी का फंदा उनके गले में डाला जाता है।)

(दृश्य समाप्त)

सूत्रधार : और 23 मार्च 1931 की शाम भगतसिंह, राजगुरू और सुखदेव को फांसी दे दी गई।

सुभाषचन्द्र बोस

सूत्रधार : भगत सिंह को फांसी के बाद, सशस्त्र क्रान्तिकारियों और अहिंसक गांधीवादियों के बीच खाई और बढ़ गई। सुभाष बोस मानसिक रूप से क्रान्तिकारियों के साथ थे, इसके कारण, सुभाष बोस और महात्मा गांधी में बुनियादी मतभेद था। सुभाष बोस अंग्रेज़ों को भारत से उखाड़ फेंकना चाहते थे, जबकि गांधी जी अंग्रेजों पर नैतिक दबाव डालकर स्वराज पाने की आशा करते थे। गांधी जी ने अतिवादी सुभाष बोस को हाशिए पर करने के लिए जवाहर लाल नेहरू को 1936 और 1937 मे कांग्रेस का प्रेसीडेन्ट बनावाया था। इस बीच सुभाष बोस की लोकप्रियता का लगातार विस्तार हो रहा था। गांधीवादियों के विरोध के बावजूद सुभाष बोस 1938 में कांग्रेस प्रेसीडेंट निर्वाचित हुए। जब उन्होंने दूसरी पारी मांगी तो गांधी जी ने खुलकर विरोध किया। और डॉ0 पट्टाभि सीतारमय्या को सुभाष बोस के ख़िलाफ खड़ा किया। फिर भी सीतारमय्या पराजित हुए।

दृश्य—40

गांधी : इसमें कोई शक नहीं कि सुभाष बोस ने पट्टाभि सीतारमय्या के ख़िलाफ जीत हासिल की है। ...मैं यह मानता हूँ कि मैं शुरू से ही उनके दोबारा कांग्रेस प्रेसीडेन्ट बनने के ख़िलाफ था... यह पट्टाभि सीतारमय्या से ज्यादा मेरी हार है... सुभाष बोस का ख़्याल है कि उसकी नीतियां और कार्यक्रम सबसे अधिक प्रगतिशील और साहस से भरे हैं। ...जो सुभाष बोस के ख़िलाफ हैं, उनको बाधा नहीं डालनी चाहिए, उन्हें अनुपस्थित हो जाना चाहिए।

नेहरू : मैं कुछ आपको बताना चाहता हूँ।

गांधी : क्या ख़बर लाए हो जवाहर?

नेहरू : बापू हम सब वर्किंग कमेटी के मेम्बर्स ने रिज़ाइन कर दिया है वर्किंग कमेटी में प्रेसीडेन्ट सुभाष बोस अकेला बचा है।

गांधी : वह नई वर्किंग कमेटी बना लेगा।

नेहरू : बापू वह यही तो नहीं कर सकता। गोविन्द वल्लभ पन्त ने यह प्रस्ताव पारित करवा दिया है कि सुभाष बोस अपनी वर्किंग कमेटी गांधी जी की सलाह से बनाएं।

गांधी : मैं कोई सलाह नहीं दूंगा। सुभाष बोस को अपनी पसन्द के एकमन लोगों को वर्किंग कमेटी में रखना चाहिए।

(दृश्य समाप्त)

सूत्रधार : गांधी जी और उनके भक्तों ने सुभाष बोस के चारों और ऐसा चक्रव्यूह बनाया, जिससे वह निकल न सके। पन्त प्रस्ताव ने सुभाष बोस के हाथ बांध दिए थे। कांग्रेस प्रेसीडेन्ट होते हुए भी वह कांग्रेस प्रेसीडेन्ट के सामान्य अधिकारों से वंचित थे। वह अपनी वर्किंग कमेटी स्वयम् मनोनीत नहीं कर सकते थे। उसके लिए गांधी जी की सहमति आवश्यक थी। और गांधी जी सहमति देने को तैयार नहीं थे। इस घेरेबन्दी से परेशान होकर सुभाष बोस ने प्रेसीडेन्ट पद से त्याग-पत्र दे दिया। यह गांधी जी की विजय थी। नरमदल की विजय थी।

द्वितीय विश्वयुद्ध

दृश्य–41

(गर्जन की आवाज़। बिजली चमकने और गिरने की आवाज। तूफान और इस सबके ऊपर हिटलर की तस्वीर)

(दृश्य समाप्त)

सूत्रधार : पहली सितम्बर 1939 को हिटलर की जर्मन फौजों ने पोलेण्ड पर आक्रमण कर दिया। उस समय नेहरू चीन से वापस लौट रहे थे। रंगून में उन्होंने द्वितीय विश्वयृद्ध के बारे में सुना तो उन्होंने प्रेसवालों से कहा–

दृश्य–42

नेहरू : यह वक़्त अंगेजों से अपनी आज़ादी मांगने का नहीं है। हम लोग जर्मनी, इटली और जापान के साम्राज्यवाद के ख़िलाफ हैं और यूरोप के कमज़ोर होते हुए साम्राज्यवाद के पक्ष में है। हम लोग जर्मनी की विजय नहीं चाहते हैं।

(दृश्य समाप्त)

दृश्य–43

गांधी : मेरी अपनी सहानुभूति फ़्रांस और इंग्लैण्ड के साथ है। अंग्रेज़ों को इस युद्ध में जो सहायता दी जाए वह बिना किसी शर्त के दी जाए।

(दृश्य समाप्त)

दृश्य–44

सुभाष बोस : इस मौक़े पर अंग्रेज़ों की मदद का सवाल नहीं उठता। अंग्रेज़ों की मुसीबत हमारे लिए एक मौक़ा है। हमें इस मौक़े का फ़ायदा उठाना चाहिए। हमें अंग्रेज़ों के विरुद्ध युद्ध छेड़कर अपनी आज़ादी प्राप्त करनी चाहिए।

(दृश्य समाप्त)

दृश्य–45

अखबार वाला : आज की ताज़ा–ख़बरं, ख़बर ही ख़बर, पाकिस्तान। मुस्लिम लीग की मांग पाकिस्तान, जिन्ना की मांग पाकिस्तान।

(दृश्य समाप्त)

दृश्य–46

पत्रकार : जिन्ना साहब, लाहौर सेशन में मुस्लिम लीग ने पाकिस्तान की भांग का प्रस्ताव पास किया है। क्या इस मांग का कोई जस्टीफ़िकेशन हैं?

जिन्ना : व्हाइ नॉट?

पत्रकार : जरा ख़ुलासा करके बताएंगे।

जिन्ना : मुसलमान किसी भी डेफ़िनेशन से हिन्दुओं से अलग एक क़ौम है। उनका अपना एक घर होना चाहिए। अपना मुल्क होना चाहिए।

पत्रकार : क्या हिन्दुस्तान उनका अपना नहीं है?

जिन्ना : नहीं! यहाँ मुसलमानों को अपना कोई हक़ नहीं है। अगर पाकिस्तान नहीं बना तो यहाँ मुसलमानों का वजूद ख़त्म कर दिया जाएगा।

पत्रकार : गांधी जी तो देश के विभाजन के ख़िलाफ़ हैं।

जिन्ना : मि॰ गांधी चाहते हैं कि हिन्दू राज्य के तहत मुसलमानों को कुचल दें और उन्हें अपना गुलाम बना कर रखें।

पत्रकार : कांग्रेस भी तो पार्टीशन के ख़िलाफ़ है।

जिन्ना : कांग्रेस का हाइकमान दूसरी सभी कॉम्यूनिटिज़ व कल्चर को ख़त्म करके हिन्दू राज्य को क़ायम करने के लिए डिटरमिन्ड है।

पत्रकार : आप ऐसा कैसे कह सकते है?

जिन्ना : कांग्रेस कास्ट हिन्दूज़ का एक फ़ासिस्ट ऑर्गनाइज़ेशन है जो ब्रिटिश संगीनों की मदद से मुसलमानों व दूसरी माइनरीटिज़ के लोगों पर हावी होना चाहती है और हम पर हुकूमत करना चाहती है।

पत्रकार : अगर कांग्रेस पार्टीशन को तैयार नहीं हो तो।

जिन्ना : उसे तैयार होना होगा। पार्टीशन नहीं तो सिविलवार। हम पाकिस्तान लेकर रहेंगे।

(दृश्य समाप्त)

सूत्रधार : 2 जुलाई 1940 को सुभाष बोस को गिरफ्तार करके जेल में डाल दिया गया। अपनी गिरफ्तारी के विरोध में सुभाष बोस ने भूख हड़ताल करने का निश्चय किया। अपने निश्चय को एक पत्र के द्वारा उन्होंने सरकार को भेजा।

दृश्य–47

(एक अंग्रेज अफसर सुभाष बोस का पत्र पढ़ रहा है और सुभाष बोस बोलते हुए दिखाई पड़ते हैं)

सुभाष बोस: अंग्रेज़ सरकार अपने पशुबल से मुझे जेल में बन्द रखने के लिए कटिबद्ध है। उत्तर में मुझे कहना है–"मुझे ज़ेल से मुक्त करो नहीं तो मैं जीवित नहीं रहूँगा। देश जीवित रह सके, इसके लिए यदि आवश्यक हो तो व्यक्ति को अपने प्राण उत्सर्ग कर देने पड़तें हैं। आज मुझे मृत्यु वरण करना चाहिए जिससे हिन्दुस्तान जीवित रहे और स्वतंत्रता तथा सम्मान प्राप्त करे।"

(दृश्य समाप्त)

सूत्रधार : ब्रिटिश सरकार को नोटिस देकर सुभाष बोस ने खाना-पीना बन्द कर दिया। सरकार ने घबराकर 5 दिसम्बर 1940 सुभाष बोस को छोड़ दिया। सुभाष बोस बीमार थे। उन्होंने बाहर के लोगों से मिलना-जुलना बन्द कर दिया था। बीमार बोस से भी अंग्रेज़ों को ख़तरा था। इसलिए उनके घर पर चौबीसों घंटे सी.आई.डी. का पहरा रहता था। बिना पुलिस की जानकारी के परिन्दा भी उस घर में पर नहीं मार सकता था। तब ही विस्फोट हुआ। लोग हक्के-बक्के रह गए। आश्चर्य से उनकी आँखे खुली की खुली रह गईं। शब्द मुंह में ही रह गए।

दृश्य–48

अखबार वाला : आज की ताज़ा ख़बर,
आज की गरमागरम ख़बर
पिंजड़े से पंछी उड़ गया।
पुलिस की आँखों में धूल झोंक, सुभाष चन्द्र बोस
ग़ायब।

(तमाम लोग अखबार पढ़ते हुए दिखाई पड़ते हैं)

(दृश्य समाप्त)

सूत्रधार : सुभाष बोस काबुल होते हुए जर्मनी पहुंचे। वहाँ हिटलर से मिले। जर्मन सेना के अंतर्गत भारतीय युद्ध बन्दियों की टुकड़ी "इंडियन लीजन" बनाई। जनवरी 1942 में जापानियों के सिंगापुर पर क़ब्ज़े के बाद पहली बार जर्मनी से 5 फरवरी, 1942 को सुभाष बोस ने रेडियो पर प्रसारण कर-भारतीयों को अपना संदेश दिया–

दृश्य–49

(एक घर में कुछ लोग रेडियो सुन रहे हैं)

रेडियो स्वर : मैं सुभाष चन्द्र बोस बोल रहा हूँ। मेरे प्यारे देशवासियों, सिंगापुर के पतन का अर्थ है– ब्रिटिश साम्राज्य का अन्त। आधुनिक इतिहास में ब्रिटिश साम्राज्य स्वतंत्रता और प्रगति का सबसे दुष्ट शत्रु है... हिन्दुस्तानी ब्रिटिश साम्राज्यवाद से किसी तरह सुलह नहीं कर सकते और तब तक संघर्ष करते रहेंगे जब तक पूर्ण-स्वतंत्रता नहीं मिल जाती। जय हिन्द!

(रेडियो सुनने वाले सब खुशी से नाचने लगते हैं। चिल्लाते हैं– सुभाष बोस ज़िन्दा हैं। एक दूसरे के गले मिलते हैं।)

(दृश्य समाप्त)

1942 का आन्दोलन

सूत्रधार : सुभाष बोस की बहादुरी और मर्दानगी की कथाएं, गांव की चौपाल और खलिहानों तक में गूंजने लगीं। गांधीवादियों ने सुभाष बोस को कांग्रेस के प्रेसीडेन्ट पद को छोड़ने के लिए विवश किया था। अब तीन वर्ष बाद अपनी कीर्ति और यश से वह उसी कांग्रेस को

चकाचौंध कर रहा था। जनता में क्रान्तिकारी तेवर का उभार था। इसने कांग्रेस को प्रभावित किया। और वह गांधी जी, जो युद्धकाल में अंग्रेजों के विरूद्ध किसी प्रकार का आन्दोलन छेड़ने के विरोधी थे, अब एक नया आन्दोलन चलाने को तैयार हो गए। आठ अगस्त 1942 को गांधी जी ने भारत छोड़ो आन्दोलन का प्रस्ताव रखा।

दृश्य—50

(गांधी सत्याग्रहियों को भाषण दे रहे हैं)

गांधी : सन् बयालीस का यह आन्दोलन हमारी लड़ाई का फ़ैसला करेगा। हर सत्याग्रही हड़ताल, असहयोग और अहिंसा के दूसरे सब तरीक़ों का इस्तेमाल करते हुए आन्दोलन की किसी भी सीमा तक जाने के लिए आज़ाद है। सत्याग्रही मरने के लिए बाहर आएं। जीने के लिए नहीं। राष्ट्र का उद्धार तभी होगा जब लोग मृत्यु को ढूंढने और उसका सामना करने के लिए बाहर निकलेंगे। हमारा नारा होगा-करो या मरो।

(तालियाँ बजती हैं।)

मैं यहाँ यह साफ़ करना चाहूँगा कि भारत-छोड़ो आन्दोलन दो-तीन हफ़्ते बाद शुरू होगा। इस बीच मैं वाइसरय को ख़त लिखकर सत्याग्रह का नोटिस दूँगा।

(दृश्य समाप्त)

सूत्रधार : इससे पहले कि गांधी जी औपचारिक रीति से सन् 42 में आन्दोलन की पुष्टि करते, अंग्रेज़ों ने 9 अगस्त 1942 को सभी बड़े और मध्य स्तर के कांग्रेसी नेताओं को बन्दी बना लिया। पर नेता विहीन जनता ने हार नहीं मानी। जनता ने आन्दोलन की बागडोर अपने हाथ में ले ली।

दृश्य—51

(पीठ पर सीढ़ी लादे दो लड़के आते हैं। सीढ़ी खड़ी करके एक लड़का उस पर चढ़कर तार काट रहा है। तभी उसके गोली लगती है। वह गिर पड़ता है। दूसरा लड़का जमीन पर लेट जाता है। गोली चलाने वाला अंग्रेज अफसर वहाँ आता है। वैसे ही लेटा हुआ दूसरा

लड़का उसको गोली मारकर चिल्लाता है– "भारत माता की जय"।)

(दृश्य समाप्त)

सूत्रधार : पुलिस और फौज की गोलियों से 940 आदमी मरे और 1630 आदमी घायल हुए। पुलिस और फ़ौज ने 538 बार गोली चलाई और हवाई जहाजों से सौ बार हमले हुए। अस्सी हज़ार से ज्यादा लोग गिरफ़्तार हुए और 18 हजार लोग नज़रबन्द किए गए। 60 स्थानों पर क्रान्तिकारियों को कुचलने के लिए सेना को बुलाना पड़ा। क्रान्ति की चपेट में 59 रेल गाड़ियाँ गिराई गईं। 318 रेलवे स्टेशनों में आग लगाइ गई। 954 डाकखानों पर हमले हुए। 12 हज़ार स्थानों पर टेलीग्राफ़ के तार काटे गए।

1942 का आन्दोलन गांधी जी के 1921 और 1930 के अहिंसात्मक आन्दोलन की परम्परा में नहीं था। 1942 में इतनी हिंसा हुई कि इसे खुदीराम बोस, सावरकर, चन्द्रशेखर आजाद, भगतसिंह और सूर्यसेन की परम्परा का क्रान्तिकारी आन्दोलन कहना अधिक उचित होगा। नेताविहीन इस आन्दोलन का नेतृत्व स्वयम् जनता के हाथ में था।

आई. एन. ए.

दृश्य–52

(सिंगापुर में पब्लिक मीटिंग का एक दृश्य)

संचालक : हिन्दुस्तानी भाइयों और बहनों, थोड़ी देर में सुभाष बाबू हमारे बीच होंगे। यह हमारा सौभाग्य है कि वतन से दूर, यहाँ सिंगापुर में एक हिन्दुस्तानी नेता हमारे बीच आ रहे हैं। सुभाष बाबू पनडुब्बी में तीन महीने का सफर कर जर्मनी से यहाँ आए हैं। ऐसे जवां मर्द जिसने ब्रितानी हुकूमत को जड़ से हिला दिया और अंग्रेजों के दाँत खट्टे कर दिए– लो देखो वे आ रहे हैं। **(सुभाष चन्द्र बोस आकर हाथ जोड़ते हैं।)** सब लोग ताली बजाकर उनका स्वागत कीजिए। **(सब जोर से ताली बजाते हैं)**

(दृश्य समाप्त)

सूत्रधार : सिंगापुर में रास बिहारी बोस और मोहन सिंह द्वारा स्थापित आज़ाद हिन्दी फ़ौज पहले से थी। सुभाष बोस के आ जाने से आज़ाद हिन्द फ़ौज में एक नया जोश और एक नया जीवन आ गया। चार जुलाई 1943 को सुभाष बोस ने आज़ाद हिन्द फ़ौज की कमान सम्हाली।

दृश्य–53

(नेता जी खड़े हैं। सैनिक उनको सलामी देते हैं। सलामी लेने के बाद नेता जी उनको भाषण देते हैं)

सुभाष : मेरे देश के बहादुर सिपाहियों! दूर पहाड़ियों, नदियों, और जंगलों के उस पार हमारी भारतमाता है। वह बन्दी है। गुलामी की जंज़ीरों से जकड़ी वह रो रही है। तुम लोग उसकी सिसकी सुन रहे होगे। वह अपने बच्चों को बुला रही है। उनसे कह रही है कि मेरे बच्चों आओ, आकर मेरी जंज़ीरें काटो। मुझे आज़ाद करो। भारत माँ के बच्चे तुम लोग हो। तुम जाओगे उसे आज़ाद करने? मैं तुमसे कुछ वादा नहीं करता। सिर्फ एक वादा है– सिर्फ एक सौदा है। तुम मुझे ख़ून दो, मैं तुम्हें आज़ादी दूंगा।

एक सैनिक : (नारा लगाते हुए) नेता जी–

सैनिक सब : ज़िन्दाबाद।

(नेपथ्य से गीत सुनाई पड़ता है)

गीत : क़दम क़दम बढ़ाए जा
ख़ुशी के गीत गाए जा
ये ज़िन्दगी है क़ौम की
तू क़ौम पे लुटाए जा

(दृश्य समाप्त)

नाविक विद्रोह

दृश्य–54

(नौ सेना का अंग्रेज अधिकारी अपने केबिन में बैठा शराब पी रहा है। बाहर से शोर की आवाज)

(सन्तरी के रोकने की आवाज– 'अन्दर नहीं जा सकते।' लोगों की आवाज : 'हमें अन्दर जाने दो')

अधिकारी : कौन है?

सन्तरी : (बाहर से) साहब कुछ रेटिंग्ज़ आपसे मिलना चाहते हैं।

अधिकारी : आने दो।

(पांच-सात नौसैनिक अन्दर आते हैं)

अधिकारी : क्या है?

नौसैनिक-1 : हमें जो खाना दिया जाता है, वह खाने लायक़ नहीं है।

अधिकारी : तो मत खाओ।

नौसैनिक-1 : गोरों का खाना हमसे अच्छा है।

अधिकारी : तो?

नौसैनिक-2 : हम और गोरे एक ही काम करें तब भी गोरों को हमसे ज़्यादा तनखा मिलती है। ज़्यादा अलाउन्स मिलता है। अच्छा खाना मिलता है।

अधिकारी : तो?

नौसैनिक-3 : यह बेइंसाफी है।

नौसैनिक-1 : हमें भी अच्छा खाना मिलना चाहिए।

अधिकारी : नहीं मिलेगा।

नौसैनिक-4 : कैसे नहीं मिलेगा? हम भूख हड़ताल कर देंगे।

अधिकारी : कर दो भूख हड़ताल। भूखे मर जाओ। अगर ज़िन्दा रहना है तो जो मिलता है वहीं खाना पड़ेगा। समझा। इंडियन। सुअर का बच्चा।

नौसैनिक-2 : ख़बरदार जो गाली दी। मैं तुम्हारी जान ले लूंगा।

(सब क्रोध में अधिकारी को मारने के लिए हाथ उठाते हैं। दृश्य जड़ हो जाता है।)

दृश्य–55

(एक अंग्रेज प्रकाशवृत्त में दिखाई पड़ता है)

एक अंग्रेज : **(टेलीफोन पर)** हैलो– हैलो नेवल हैडक्वाटर! सर यह म्यूटिनी है। एच.एम.आई.एस. तलवार के "नेवल रेटिंग्ज़" स्ट्राइक पर हैं। बोम्बे हारबर के 20 जहाज़ों पर भी यह स्ट्राइक फैल गया है। कभी भी कुछ हो सकता है। अगर जल्दी मदद नहीं आई तो म्यूटिनी भड़क सकती है, वैसी ही जैसी 1857 में। हमको यह लोग मार डालेंगे। हम सब ख़त्म हो जायेंगे। जल्दी मदद भेजिए। जल्दी। अर्जेन्टली।
(घबराकर बैठ जाता है)

(दृश्य समाप्त)

सूत्रधार : विद्रोह ने अम्बाला, करांची, मद्रास, कलकत्ता और रंगून के नौसेना केन्द्रों के साथ-साथ आर्मी और एयर फोर्स को भी प्रभावित किया। एयर फोर्स के बहुत से कर्मचारियों ने अपने अंग्रेज़ अधिकारियों के विरूद्ध विद्रोह का झण्डा उठाया। विरोध नेवी और एयरफ़ोर्स तक ही सीमित नहीं रहा। जनता, मजदूर, विद्यार्थी भी इसमें शामिल हो गए। केवल बम्बई में इस अभियान में 228 नागरिक मारे गये और 1086 घायल हुए। यद्यपि विद्रोहियों ने सरदार पटेल के परामर्श पर

आत्म-समर्पण कर दिया किन्तु इसका घाव इतना गहरा और गम्भीर था कि ब्रिटिश सरकार ने जल्द से जल्द भारत छोड़ देने का निश्चय किया। नौ सैनिक विद्रोह 18 फरवरी 1946 को हुआ था। उसके दूसरे दिन 19 फरवरी 1946 को ब्रिटिश प्रधानमंत्री एटली ने हाउस ऑफ कॉमन्स में भारत को स्वतंत्र करने की योजना बनाने के लिए अपने तीन मंत्रियों का कैबिनेट मिशन भारत भेजने का ऐलान किया।

सूत्रधार : देश की आज़ादी के कारणों के केन्द्र में नेवी विद्रोह था। 18 फरवरी 1946 को नेवी विद्रोह हुआ। इसके ठीक एक महीने बाद 18 मार्च 1946 को ब्रिटिश सरकार ने जवाहरलाल नेहरू को सिंगापुर भेज कर लॉर्ड और लेडी माउंटबैटेन से एक योजना के अन्तर्गत दोस्ती करवाई।

नेहरू, एडविना और माउन्टबैटेन

दृश्य–56

माउंटबैटेन : एडविना, जल्दी करो। नेहरू की फ़्लाइट का टाईम हो रहा है। **(टेलीफोन की घंटी बजती है। टेलीफोन उठाकर)** यस वी आर रेडी। ठीक है। नेहरू मेरी लिमोज़िन में एयरपोर्ट से आएगा। हाँ, हाँ मेरी लिमोज़िन ले जाओ। हम दोनों ओपेन कार में चलेंगे। वेलकम गेट्स तो बन गए होंगे। ठीक। हाँ सड़क के दोनों ओर इंडियन्स होंगे। नेहरू को वेव करेंगे। फिर हम लोग मीटिंग के वेन्यू में जाएंगे। ओ.के.। सब ठीक होना चाहिए।

(टेलीफोन रखकर)

एडविना : **(प्रवेश करते हुए)** डिकी! नेहरू कल तक तो हमारे जेल में था। आज उसका ऐसे वेलकम किया जा रहा है जैसे वह किसी स्टेट का प्रेसीडेन्ट या प्राइम मिनिस्टर हो।

माउंटबैटेन : माई डियर, वह इंडिया का फ़्यूचर प्राइम मिनिस्टर है।

एडविना : क्या यह डिसाइड हो गया है?

माउंटबैटेन : नहीं। लेकिन हम लोग यही चाहते हैं। हम लोग नेहरू को प्राइम मिनिस्टर बनवाने की पूरी कोशिश करेंगे।

(दृश्य समाप्त)

सूत्रधार : दक्षिण पूर्व एशिया में अलाइड फ़ोर्सेज़ के सुप्रीम कमांडर माउंटबैटेन ने जवाहर लाल नेहरू का सिंगापुर में शानदार स्वागत करके उनका

दिल जीत लिया और जब स्थानीय हिन्दुस्तानियों की मीटिंग को सम्बोधित करने नेहरू जी को लेकर माउंटबैटेन वाई.एम.सी.ए. की बिल्डिंग में पहुंचे, वहाँ एडविना उनके स्वागत में पहले से मौजूद थी। इससे पहले कि जवाहर लाल नेहरू लेडी माउंटबैटेन से हाथ मिलाते, वहाँ नेहरू के प्रशंसक स्थानीय हिन्दुस्तानियों की भीड़ जुट आई। वह पंडित नेहरू ज़िन्दाबाद के नारे लगा रही थी। उस भीड़भाड़ और रेल-पेल में लेडी माउंटबैटेन ज़मीन पर गिर पड़ी। जवाहर लाल ने उन्हें गोद में उठाकर ज़मीन पर खड़ा किया। दोनों ने एक दूसरे को देखा। उस क्षण आँखों ही आँखों में नेहरू और एडविना के बीच कुछ ऐसा हुआ जिसने भारत के इतिहास की दिशा बदल दी।

दृश्य—57

(नेहरू, माउंटबैटेन और एडविना बैठे हैं। एडविना नेहरू की सिगरेट जलाती है)

एडविना : यू इंडियन्स हेट अस?

नेहरू : ओह नो। नोट एट ऑल।

एडविना : बट व्हाई यू वान्ट अस टुलीव इंडिया।

नेहरू : हम अंग्रेज़ी राज के ख़िलाफ़ हैं। अंग्रेज़ों के नहीं। सच तो यह है कि गांधी जी अक्सर कहते हैं—हम चाहते हैं कि अंग्रेज़ी राज जाए लेकिन अंग्रेज़ बने रहें।

एडविना : तो अंग्रेज़ी राज के जाने के बाद मैं इंडिया में रह सकती हूँ?

नेहरू : हाँ बेशक।

एडविना : (हंसकर) कहां रहूँगी? तुम्हारे घर में? रहने दोगे अपने घर में? **(नेहरू का हाथ पकड़ती है)**

नेहरू : ज़रूर। ज़रूर।

माउंटबैटेन : (उठते हुए) एक्सक्यूज़ मी। आई विल गेट सम शेम्पेन। वी विल सेलीब्रेट। (जाता है)

एडविना : (नेहरू को देखते हुए) हलो। इंडियाज़ फ्यूचर प्राइम मिनिस्टर। मैं प्राइम मिनिस्टर के घर में रहूँगी। आई एम सो लकी।

नेहरू : (घड़ी देखकर) सिंगापुर में एक आई. एन. ए. मैमोरियल है?

एडविना : हाँ। है तो?

नेहरू : वहाँ "रीद" रखने मुझे जाना है।

एडविना : क्या तुम आई.एन.ए. मैमोरियल जाओगे?

नेहरू : हाँ।

एडविना : डोन्ट टैल इट टु डिकी। हम अंग्रेज़ों की निगाह में बोस सबसे बड़ा ग़द्दार था। उसने इंडियन सोल्जर्स को अंग्रेज़ी राज के लिए ली गई वफ़ादारी की क़सम तोड़ने के लिए उकसाया? क्या यह ठीक काम था? कभी नहीं। इट वाज़ सो इम्मोरल"।

नेहरू : **(असमंजस में)** शायद–

एडविना : **(नेहरू के निकट आकर आत्मीयता से)** जवाहर लाल, लेट मी टेल यू वन थिंग, जल्दी ही अंग्रेज़ इंडिया छोड़कर चले जाएंगे। हम सब चाहते है कि फ़्री इंडिया के तुम प्राइम मिनिस्टर बनो। एज़ प्राइम मिनिस्टर क्या तुम नहीं चाहोगे कि फ़्री इंडिया की आर्मी डिसिपिलन्ड हो? वह अपनी वफ़ादारी की क़सम पर डटी रहे?

नेहरू : हाँ, क्यों नहीं?

एडविना : अगर आई.एन.ए. मॅमोरियल पर "रीद" रखने गए, तो आर्मी को ग़लत मैसेज जाएगा। फ़्री इंडिया में तुमको ही इसे फ़ेस करना पड़ेगा। **(अधिक आत्मीयता से)** माई डियर जवाहर, तुम्हें आई.एन.ए. मैमोरियल का प्रोग्राम कैंसिल कर देना चाहिए।

नेहरू : ठीक है। मैं कैंसिल करता हूँ।

(माउंटबैटेन शराब की ट्रे ढकेलते हुए आते हैं)

माउंटबेटेन : लेट अस सेलीब्रेट अवर फ़्रैन्डशिप।

(दृश्य समाप्त)

भारत को आज़ाद करने का ब्रिटिश राज का फैसला

सूत्रधार : मई 1945 में जर्मनी ने आत्म-समर्पण कर दिया। द्वितीय विश्वयुद्ध में ब्रिटेन विजयी हुआ। किन्तु यह विजय ब्रिटेन के लिए तत्काल सुख और समृद्धि का संदेश नहीं ला सकी। छह वर्षों की लगातार बमबारी से लंदन में एक भी साबुत इमारत नहीं बची थी। चारों ओर खंडहर थे। टूटी इमारतों की बरसात में सड़ती लकड़ियों की दुर्गन्ध, फूटी सड़कों के गड्ढ़ों में भरा पानी और कीचड़, बन्द पड़ी फैक्टरियां और उन सबके ऊपर, उदासी का धुंध।

ब्रिटेन अपने छह लाख अस्सी हज़ार नौजवानों को खो चुका था। नौजवानों की पूरी की पूरी एक पीढ़ी साफ़ हो चुकी थी। विधवाओं, बच्चों और शोकग्रस्त माताओं के पुनःस्थापन की समस्या। बीस लाख लोग बेकार थे। ऐसे समय जब चुनाव हुआ तो चर्चिल और उनकी टोरी पार्टी पराजित हुई। लेबर पार्टी सत्ता में आई और क्लीमेंट एटली प्राधमंत्री बने।

(क्लीमेंट एटली प्रकाश में उद्‌भासित होता है।)

एटली के सम्मुख सबसे बड़ा प्रश्न भारत का था। भारत का क्या किया जाए? क्या उसे आज़ाद कर दिया जाए? अगर नहीं तो उस पर कैसे ब्रिटेन का क़ब्ज़ा बनाए रखा जाए? इस मसले पर 31 दिसम्बर 1946 को ब्रिटेन की कैबिनेट में विचार विमर्श हुआ।

दृश्य–58

एटली : मैंने कैबिनेट की इस कोर कमेटी की मीटिंग आप लोगों से इन्फ़ोरमल कंसलटेशन के लिए बुलाई है। ब्रिटेन इस वक़्त बहुत डिफ़ीकल्ट टाइम्स से गुज़र रहा है। हमें हाई डेसिशन लेने हैं। मैं मिस्टर बेविन से इंडियन प्रॉब्लम प्रॅज़ेन्ट करने को कहना चाहूँगा।

बेविन : हमें लगता है कि इंडिया जो ब्रिटिश ताज का सबसे बड़ा हीरा है, शायद हमारे हाथ से निकल जाए।

सदस्य एक : ओह नो!

बेविन : आई एम सॉरी, लेकिन वक़्त आ गया है जब हमें ट्रूथ फ़ेस करना पड़ेगा।

एटली : जैंटिलमैन, देयर इज़ नो ऑलटरनेटिव टु लीविंग इंडिया। हमारे पास इंडिया भेजने के लिए इंगलिश सोल्जर्स नहीं है। इंडस्ट्री और बैंकिंग कॉलेप्स कर गए हैं। पैट्रोल नहीं है। कोयला नहीं है। इस हालत में हम इंडिया पर हुकूमत नहीं कर सकते। इस सबसे ऊपर 'सुभाष–फ़ैक्टर' है। 'आई.एन.ए.–फ़ैक्टर' है। हम इंडियन सोल्जर्स पर ज़रा भी ट्रस्ट नहीं कर सकते। एण्ड डोन्ट फ़ोरगेट द नेवल म्यूटिनी। **(समापन करते हुए)** सो वी डिसाइड टु लीव इंडिया।

सदस्य एक : आई डोन्ट लाइक दिस। नो इंग्लिशमैन विल लाइक दिस।

बेविन : वी आर हैल्पलैस।

सदस्य एक : क्यों कुछ नहीं किया जा सकता? हम एशिया के दूसरे कंट्रीज से सोल्जर्स इंडिया ले जा सकते हैं। अफ़्रीका, कैनाडा, अमेरिका से सोल्जर्स ले जाकर इंडिया में बग़ावत को क्रश कर सकते हैं।

बेविन : इतना आसान नहीं है।

सदस्य एक : क्यों नहीं है?

बेविन : हमारे पास इतना भी नहीं है कि हम उनके ट्रांसपोर्टेशन का पेमेंट कर सकें। इस लड़ाई के ख़र्चे ने हमारा दिवाला निकाल दिया। आज ब्रिटिश पाउंड अमरीकी डॉलर और कॅनाडियन डॉलर के सहारे खड़ा है। हमें इंडिया से विड्रा करना होगा।

सदस्य : सुनकर मन उदास होता है।

बेविन : हम हिन्दुस्तानियों को नहीं बतायेंगे कि हम को मजबूरी में इंडिया से भागना पड़ रहा है। प्लीज़ नोट। इट इज़ वेरी इम्पोर्टेन्ट।

एटली : हम दुनिया से कहेंगे कि ब्रिटिश नेशन ने वादा किया था कि एक दिन इंडिया को फ़्री कर देंगे। हमने अपना वादा निभाया और अपने आप इंडिया को आज़ाद करके चले गए। ब्रिटिशमॅन आर ऑनरेबल पीपुल।

सूत्रधार : हिटलर ने दूसरा महायुद्ध आरम्भ करके ब्रिटेन की आर्थिक कमर तोड़ दी, जिससे मजबूर होकर उसे भारत को आज़ाद करना पड़ा। किन्तु आज़ादी का असली श्रेय सुभाष चन्द्र बोस को जाता है, जिसने आज़ाद हिन्द फ़ौज के द्वारा ब्रिटिश साम्राज्य की नींव हिला दी। वह इतना डर गए कि इसके पहले हिन्दुस्तानी सिपाही 1857 की तरह विद्रोह करके उनका बिस्तर गोल करके समुद्र में फेंक दें, उन्होंने ख़ुद ही भाग जाना उचित समझा।

सदस्य दो : हमारा अरबों–खरबों का इनवेस्टमैंट इंडिया में है।

सदस्य एक : अगर हमने इंडिया को आज़ाद किया तो हमको इस पूंजी से हाथ धोना पड़ेगा।

बेविन : यह एक प्रोब्लम है। इंडिया को फ़्रीडम देने के पहले हमें यह सोचना है कि हम इस इनवेस्टमेंट को कैसे बचाएं।

सदस्य एक : नहीं बचा सकते। फ़्रीडम पाते ही इंडियन्स हमारी फ़ैक्ट्रीज़, इन्वस्टमेंटस, बिल्डिग्ज़ को नेशनलाइज़ कर देंगे।

एटली : इसीलिए हमने तय किया है कि इंडिया को फ़्रीडम दो स्टेज में दी जाए। पहली स्टेज में इंडिया को ब्रिटिश ताज के नीचे डोमीनियम स्टेटस दिया जाए। इस स्टेज में हम अपना सारा इन्वेस्टमेंट इंडिया से निकाल सकेंगे। उसके बाद दूसरी स्टेज में ही उनको फ़ुल फ़्रीडम ग्रांट की जाएगी।

सदस्य तीन : क्या इंडियन्स मानेंगे?

बेविन : उन्हें मानना पड़ेगा। वह कैसे मानेंगे यह हम जानते हैं।

एटली : एक बात और है। फ़्री इंडिया की नेशनलिज़्म को कमज़ोर करने के लिए हम कंट्री का पार्टीशन करेंगे।

सदस्य एक : कंट्री का पार्टीशन इम्पोसिबिल है। गांधी ने बोला है–कंट्री का पार्टीशन उसकी डैड बॉडी पर होगा।

एटली : यही तो चैलेंज है। लार्ड बेविन, इनको बताइए हमारी प्लान्स।

बेविन : जवाहर लाल नेहरू इंटरिम गवर्नमेंट में प्राइम मिनिस्टर है। वह एंग्लो–फ़िल है। अगर उस पर वर्क किया जाए तो वह डोमीनियम स्टेटस के लिए भी तैयार हो जाएगा और पार्टीशन के

लिए भी।

एटली : (विश्वास से) नेहरू पर वर्क करने के लिए भी कोई है।

सदस्य : कौन?

एटली : एडमिरल माउंडबैटेन। माउन्टबैटेन हर तरह के आदमियों से अपनी पटरी बैठा सकता है। फिर उसकी पत्नी भी एक ग़ैर–मामूली औरत है। दोनों नेहरू से सिंगापुर में मिल चुके हैं। ब्रिटिश सरकार ने उनकी सिंगापुर में मुलाक़ात का इंतजाम किया था। कुछ दिन पहले जब नेहरू लंदन आए थे तो माउण्टबैटेन ने उनको अपने साथ ठहरने को इनवाइट किया था। नेहरू उनके साथ ठहरने नहीं गए। नेहरू ने डोरचेस्टर में ठहरना पसन्द किया था, जहाँ लेडी माउण्टबैटेन का एक "स्वीट" है।

सदस्य : यह तो अच्छी ख़बर है। (सब सदस्य हँसते है)

एटली : एक और अच्छी ख़बर है। नेहरू ने अपने दोस्त कृष्णा मेनन के ज़रिये सर स्टैफ़र्ड क्रिप्स को संदेश भेजा है कि वैवल की जगह माउंटबैटेन को इंडिया का वाइसराय बनाया जाए। साफ़ है, माउण्टबैटन के साथ एडविना भी दिल्ली जाएगी। जेनटलमैन,वी कैन एण्ड दिस मीटिंग एट दिस हैपी नोट।

(दृश्य समाप्त)

विष कन्या

दृश्य–59

(एडविना नेहरू के कोट में गुलाब का फूल लगाती है।)

एडविना : तुमने सिंगापुर में भी अपने कोट में गुलाब लगाया था। तब से जब भी कहीं गुलाब देखती थी, तो तुम्हारी याद आती थी।

नेहरू : गुलाब में काँटे भी होते हैं।

एडविना : तुम ठीक कहते हो। गुलाब के साथ तुम्हारी याद मुझे काँटे सी चुभती थी।

नेहरू : माई डियर, मत कहो ऐसी बात। सोचो मैं कैसे जिन्दा रहूँगा तुम्हारे बिना। मैं अकेला हूँ। बहुत अकेला।

एडविना : जाना तो है ही मुझे एक दिन। एटली ने चौदह महीने दिए हैं। जून 48 तक डिकी और इंडियन लीडर्स को तय करना है कि ब्रिटिश सरकार जाने के पहले किसको पॉवर ट्रांसफर करके जाए। अगर कोई फैसला नहीं होता तो जून 1948 में अंग्रेज हर हाल में

हिन्दुस्तान छोड़कर चले जाएंगे।

नेहरू : मेरी तो यही ख़्वाहिश है कि जून 1948 तक कोई फ़ैसला न हो। तब तक तो तुम हिन्दुस्तान में बनी रहोगी।

एडविना : नहीं नेहरू, मैं सेल्फ़िश नहीं हूँ। मुझे अपने लिए कुछ नहीं चाहिए। मैं तो अपनी ज़िन्दगी में तुम्हें हिन्दुस्तान का प्राइम मिनिस्टर देखना चाहती हूँ।

नेहरू : चौदह महीने बाद देख लोगी।

एडविना : नहीं, मैं इतना इन्तज़ार नहीं कर सकती। मैं जल्दी से जल्दी तुम्हें पी.एम. देखना चाहती हूँ। हिज़ एक्सीलैंसी द प्राइम् मिनिस्टर ऑफ़ इंडिया।

नेहरू : यह कैसे हो सकता है?

एडविना : क्यों नहीं हो सकता। एटली चाहते हैं कि हम जल्दी से जल्दी इंडिया को आज़ाद करके वापस जाएँ। अंग्रेज़ तीन चार महीने में हिन्दुस्तान छोड़कर जा सकते हैं... अगर ...

नेहरू : अगर?

एडविना : अगर कांग्रेस पार्टीशन एक्सेप्ट कर ले और इंडिया के लिए डोमीनियन स्टेटस।

नेहरू : यह कैसे हो सकता है? मैं कांग्रेस प्रेसीडेन्ट था। 26 जनवरी 1930 को हम सबने 'पूर्ण स्वराज' के लिए क़सम खाई थी।

एडविना : माई डियरेस्ट जवाहर, चोयस तुम्हारे सामने है। चौदह महीने इन्तज़ार करो। फिर यह भी तो पता नहीं कि चौदह महीने बाद क्या पोलिटिकल सिचुएशन हो। लेकिन अगर आज पार्टीशन और डोमीनियन स्टेटस एक्सेप्ट कर लो तो तीन-चार महीने में तुम प्राइम मिनिस्टर हो सकते हो।

(नेहरू सोच में पड़ जाता है।)

एडविना : माई लव। तुम जानते हो मैं तुम्हारी वॅल विशर हूँ। मैं लंदन की बात जानती हूँ। मैं तुम्हें प्राइम मिनिस्टर देखना चाहती हूँ। जल्दी से जल्दी। क्या तुम मेरी यह छोटी सी विश फ़ुलफ़िल करोगे?

नेहरू : मैं तुम्हारी हर विश फ़ुलफ़िल करना चाहता हूँ।

एडविना : तो बस ठीक है। तुम पार्टीशन और डोमीनियन स्टेटस को इन-प्रिन्सिपल एक्सेप्ट कर लो। गांधी जी और बाक़ी कांग्रेस लीडर को मनाना मेरी और डिकी की ज़िम्मेदारी। (हाथ बढ़ाते हुए) दिस इज़ ए डील।

नेहरू : (हाथ मिलाते हुए) ओके। जस्ट एज़ यू विश।

(दृश्य समाप्त)

विभाजन पर गांधी जी की स्वीकृति

सूत्रधार : बिना कांग्रेस की राय जाने, केवल नेहरू जी की व्यक्तिगत सैद्धान्तिक सहमति के आधार पर माउण्टबैटेन ने देश के विभाजन की अपनी योजना लंदन भेज दी। माउण्टबैटेन आश्वस्त था कि नेहरू जी समय आने पर गांधी जी को और कांग्रेस को विभाजन और डोमीनियन स्टेटस के लिए मना लेंगे। माउंटबैटेन का अंदाज़ सही निकला। बूढ़े हो रहे कांग्रेसी नेताओं में संघर्ष जारी रखने का उत्साह नहीं बचा था। वह जल्दी से जल्दी कुर्सी पर बैठना चाहते थे– चाहे वह डोमीनियन स्टैटस की हो, या 'पूर्ण स्वराज' की। उन्हें सिर्फ़ कुर्सी से मतलब था।

सूत्रधार : 2 जून की कांग्रेस वर्किंग कमेटी ने देश का विभाजन और डोमीनियम स्टेटस स्वीकार कर लिया। 14 जून 1947 को यह मसला अखिल भारतीय कांग्रेस कमेटी के सम्मुख स्वीकृति के लिए प्रस्तुत होना था।

(दृश्य समाप्त)

दृश्य–60

(बापू चरखा कात रहे हैं। मनु आकर बैठती है।)

गांधी : (घड़ी देखकर) मनु मुझे ए.आई.सी.सी. की मीटिंग में जाना है। आज चौदह जून है न।

मनु : आप मीटिंग में मत जाइए। वहाँ देश के विभाजन के प्रस्ताव पर विचार होगा। ज़्यादातर कांग्रेसी इस विभाजन के खिलाफ़ हैं।

गांधी : लेकिन कांग्रेस वर्किग कमेटी तो पार्टीशन के हक़ में फ़ैसला कर चुकी है। नेहरू और पटेल दोनों ही पार्टीशन के लिए हामी भर चुके हैं।

मनु : इससे क्या होता है। ए.आई.सी.सी. पार्टीशन को रिजेक्ट कर देगी।

गांधी : अगर मैं नहीं गया तो ए.आई.सी.सी. सचमुच पार्टीशन को रिजेक्ट कर देगी।

मनु : रिजेक्ट हो जाने दीजिए। आप भी तो पार्टीशन नहीं चाहते। आपने ही तो कहा था– पार्टीशन केवल आपके मृत शरीर पर हो सकता है?

गांधी : कहा था। लेकिन जवाहर चाहता है।

मनु : उनको चाहने दीजिए। आप इस झगड़े से दूर रहिए। आप तो कांग्रेस के मेम्बर भी नहीं है। आपका वहाँ जाना ज़रूरी नहीं है।

गांधी : अगर नहीं गया तो जवाहर से क्या कहूँगा। मुझे जाना ही पड़ेगा। वह प्रधानमंत्री बनना चाहता है। उसने मुझे अपने प्रेम का बन्दी

बना लिया है। अगर मैं नहीं गया तो उसका दिल टूट जाएगा।

(दृश्य समाप्त)

दृश्य–61

(अखिल भारतीय कांग्रेस कमेटी का दृश्य)

सदस्य एक : हमें अपनी मातृभूमि का विभाजन स्वीकार नहीं है।

सब एक स्वर में : स्वीकार नहीं। स्वीकार नहीं।

पुरुषोत्तम दास टंडन : मैं पुरुषोत्तत दास टंडन हूँ। मैं वही कह रहा हूँ, जो ए. आई.सी.सी. के ज़्यादातर लोग बोलना चाहते हैं। मैं बिना किसी लाग-लपेट के साफ़-साफ़ दो टूक बात करुंगा। ऐसा लगता है कि मुस्लिम लीग ने जो देशभर में गुण्डागर्दी फैलाई है, जो दंगे करवाएं हैं, उससे डरकर हमारे नेता मुस्लिम लीग की मांग के आगे झुक गए हैं और देश के टुकड़े करने पर राज़ी हो गए हैं। क्या होगा अगर हम पाकिस्तान की मांग को ठुकरा दें? यही न कि हमको आज़ादी नहीं मिलेगी। न मिले। हम आज़ादी की लड़ाई जारी रखेंगे। अपनी माँ की लाश पर हमें आज़ादी नहीं चाहिए। हम अखंड भारत की आज़ादी के लिए लड़ते रहेंगे।

(जोरदार ताली बजती है)

गांधी : मैं भी देश के विभाजन के ख़िलाफ़ हूँ।

(जोरदार तालियां)

गांधी : आज जितना मैं दुखी हूँ, उतना कोई दुखी नहीं हो सकता। देश के विभाजन से जितनी चोट मुझे लगेगी, उतनी शायद और किसी को नहीं लगेगी। लेकिन जो हो चुका, वह हो चुका। आप कांग्रेस के सिपाही हैं। कांग्रेस के नेताओं ने, वर्किंग कमेटी के मेम्बर्स ने, आपकी ओर से देश का विभाजन स्वीकार कर लिया है। कांग्रेस के वफ़ादार सिपाही होने के नाते आपका फ़र्ज़ बनता है कि अपने नेताओं के फ़ैसले पर चलें।

यह ज़रूरी है कि आप आज के हालात को समझें। वर्किंग कमेटी ने यह फ़ैसला बहुत समझ-बूझ कर किया है। ऐसा फ़ैसला कांग्रेस ने अकेले नहीं किया है। यह फ़ैसला कांग्रेस, मुस्लिम लीग और ब्रिटिश सरकार का मिला-जुला फ़ैसला है। अगर आप इसे अस्वीकार कर देंगे तो दुनिया आपको ग़ैर-ज़िम्मेदार कहेगी। मेरी आपको

सलाह है कि आपकी ओर से आपके नेताओं ने जो फ़ैसला किया है उस पर चलें। वक़्त का तक़ाज़ा है कि ज़बान बन्द करके वही करें जो नेताओं ने देश के हित में तय किया है। आपको देश का विभाजन मंज़ूर कर देना चाहिए।

(दृश्य समाप्त)

सूत्रधार : महात्मा गांधी ने पार्टीशन के विरोधियों की ज़बान पर ताले डाल दिए। लोगों की आँखें नीची हो गईं। उनकी गर्दनें झुक गईं। अखिल भारतीय कांग्रेस समिति ने गांधी जी के कहने पर देश के बंटवारे का ज़हर चुपचाप पी लिया।

दृश्य–62

(गगनिका पर भारत का नक्शा-हिन्दुस्तान और पाकिस्तान में विभाजित हो गया।)

(विभाजन की विभीषिका और मारकाट के दृश्य गगनिका पर)

सूत्रधार : देश के विभाजन में कितने लोग काल के गाल में समा गए, कोई नहीं जानता। किसी ने लिखा है दस लाख, किसी ने 20 लाख और किसी ने 30 लाख। मरने वालों की सही संख्या कभी भी ज्ञात नहीं हो सकती। जो मर गए, वह मुर्दों की सूची में अपना नाम लिखाने नहीं आ सकते।

परिवार के परिवार विभाजन के वहशी दंगों में समाप्त हो गए। उनमें हिन्दू भी थे, और मुसलमान भी। मरने के बाद उनके कटे-फटे जिस्मों और गहरे ज़ख़्मों से बहते लहू का रंग एक सा लाल था। सड़कों, मैदानों, खेतों, खलिहानों, घरों में उनकी लावरिस लाशें हफ़्तों पड़ी सड़ती रहीं। चीलें और गिद्ध उन्हें नोच रहे थे। घुटन थी। बदबू थी सड़ती लाशों की।

दृश्य–63

(मंच पर मुर्दा लाशें पड़ी हैं। वहीं लाशों के बीच नेहरू जी भारत का तिरंगा झंडा फहराते हैं। नेपथ्य से नेहरू जी के 15 अगस्त 1947 को दिए गए 'ट्रिस्ट विद डेस्टिनी' भाषण की रिकार्डिंग सुनाई पड़ती है। फिर उदास ध्वनि के साथ नाटक का अन्त होता है।)

परिशिष्ट

ऐतिहासिक साक्ष्य

Macaulay's Minutes

1. T.B. Macaulay wrote in his famous minute of 1835 "we must at present do our best to create a class, who may be interpreters between us and the millions whom we govern, a class of persons, Indian in blood and colour, but English in taste, in opinions, in morals and in intellect."

"...the dialects commonly spoken among the natives of this part of India contain neither literary nor scientific information, and are so poor and rude that until they are enriched from some other quarter it will not be easy to translate any valuable work into them," Macaulay wrote. "I have never found one among them (the proponents of continuing to strees oriental learning)," he wrote, "who could deny that a single shelf of a good European library was worth the whole native literature of India and Arabia." "It is, I believe, no exaggeration to say," he wrote, "that all the historical information which has been collected from all the books which have been written in the Sanskrit language is less valuable than what may be found in the most paltry abridgment used at preparatory schools in England. In every branch of physical or moral philosophy the relative position of the two nations is nearly the same." He wrote of "...languages in which by universal confession there are no books on any subject which deserve to be compared to our own.; systems (of scientific knowledge) which whenever they differ from those of Europe differ for the worse;......... medical doctrines which would disgrace an English farrier, astronomy which would move laughter in girls at an English Boarding-School, history abounding with kings thirty feet high and reigns 30000 years long, and geography made up of seas of treacle and seas of butter..... a literature admitted to be of small intrinsic value.... (one) that inculcates the most serious errors on the most important subjects hardly reconcilable with reason, with morality.... fruitful of monstrous superstitions, false history, false astronomy, false medicine. in company wih a false religion......" *(Arun Shourie : A Secular Agenda, A.S.A. Public New Delhi. pp. 18-19)*

2. Writing to his father in 1836, T.B. Macaulay said that it was his firm belief that if the plans for English education were followed up, there would not be a single idolater among the respectable class in Bengal thirty years hence. This would be effected without any efforts to prosetylise, without the smallest interference with religious liberty, merely by natural operation of knowledge and reflection.

English education and process of reforms to prevent Indian rebellion against British

C.E. Trevelyan in his book "Education of the people of India" (published in 1838) wrote that it was ultimately impossible to prevent the Indian people from regaining their independence.

"But there are two ways of arriving at this point. One of these is through the medium of revolution; the other, through that of reform. In one, the forward movement is sudden and violent; in the other, it is gradual and peaceable. One must end in a complete alienation of mind and separation of interests between ourselves and the natives; the other in a permanent alliance, founded on mutual benefit and good-will. The only means at our disposal for preventing the one and securing the other class of results is, to set the natives on a process of European improvement.... They will then cease to desire and aim at independence on the old Indian footing.. The political education of a nation must be a work of time : and while it is in progress, we shall be as safe as it is possible for us to be. The natives shall not rise against us, because we shall stoop to raise them; there will be no reaction, because there will be no pressure : the national energy will be fully and harmlessly employed in acquiring and diffusing European knowledge, and in naturalising European institutions.

The separation, he concluded, would thus be peaceably and gradually effected. "We shall exchange profitable subjects for still more profitable allies." Tied to Britain by the bonds of commerce, an independent India would be" a solid foundation of strenght and prosperity to our whole nations" (Cited in "The aftermath of revolt, India 1857-1870" by Thomas R. Metcalfe; p.15)

कांग्रेस की स्थापना

1. श्री ह्यूम के पास इस बात का अकाट्य प्रमाण था, कि राजनीतिक अंसतोष भीतर ही भीतर सुलग रहा था। उसके आधार पर श्री ह्यूम ने निश्चय किया कि असन्तोष को बाहर निकालने के लिए कोई द्वार तैयार किया जाए और कांग्रेस ऐसा ही सुरक्षा द्वार बन सकती है। (डा. पट्टाभि सीतारमैया : हिस्ट्री ऑफ फ्रीडम मूवमेंट इन इंडिया, खण्ड 1 पृष्ठ 316)

2. Sir Willium Wedderburn (one of the closest collaboators of Hume and the earliest leaders of Congress) Quotes him (Hume) as having said that "a safety valve for the escape of great and growing forces was needed and no more efficacious safety valve than our Congress could possibly be devised." (Sir Wellerburn : Allen Octavian Hume, cited by K.R. Bombwal : Indian Politics and Government : page 43)

3. Congress report of the session for 1889 says "it has been the chief glory of the Congress movement, that... it has swept away all the fungoid growth and sweetened all political agitation by working it out in the wholesome light of the day" (R.K. Bombwal : Indian Politics and Government : Page 43)

Sir Syed Ahmed Khan

1. He travelled to England in 1869 and wrote as follows to a friend in India : "Without flattering the English, I can truly say that the natives of India, high and low, merchants and petty shopkeepers, educated and illiterate, when contrasted with the English in education, manners and uprightness, are as like as a dirty animal is to an able and handsome man. Do you look upon an animal as a thing to be honoured? Do you think it necessary to treat an animal courteorsly, or the reverse? We have no right to courteous treatment. The English have reason for believing us in India to be imbecile brutes."

2. In 1883, Sir Syed declared in Governor General's Council "that the system of election, pure and simple, cannot safely be adopted. The larger community will totally over-ride the interests of the smaller community."

(History of India (Modern Period) by L. Mukherjee, Page 247)

3. 1888 में लखनऊ में सर सैयद ने भाषण दिया– "मेरी समझ में नहीं आता कि राष्ट्रीय कांग्रेस है क्या? क्या यह समझा जाए कि अलग अलग जातियों के, धर्म के, जो लोग भारत में रह रहे है वे एक राष्ट्र के लोग हैं या एक राष्ट्र बन सकते हैं, और उनके नाम और आकाक्षाएँ एक जैसी हो सकती हैं? जो कांग्रेस, चाहे वह किसी भी रूप में क्यों न आए, भारत को एक राष्ट्र मानती है, वैसी हर कांग्रेस का मैं विरोध करता हूँ।" उन्होंने यह भी कहा कि "अगर अंग्रेज चले जाएँ, तो हिन्दू और मुसलमान सत्ता में सहभागी नहीं बन सकते, क्योंकि यह जरूरी है कि उनमें से एक दूसरे को हरा दे। (और देश बंट गया : हो. वे. शेषाद्रि पृष्ठ 41)

The first Congress Session- 1885

The liberal nationalists were steeped in an attitude of loyalty towards the British Government. The attitude was evident in the very first session (of Congress) which concluded with three cheers to Queen Victoria.... Dadabhai Naoroji declared, "Let us speak out like men and proclaim that we are loyal to the backbone." (R.K. Bombwal : Indian Politics and Government, Atma Ram & Sons Page 53).

Beginnigs of Muslim Separatism

1. In 1886 session of Congress, there were 33 Muslims delegates out of 431 delegates.

2. "Our critics regarded the National Congress as Hindu Congress, and the opposition papers described it as such. We are straining every nerve to secure the co-operation of our Mohammedan fellow-countrymen in this great national work. We some times paid the fares of the Mohammedan delegates and offered them other facilities." writes Sir Surendra Nath Banerji (Surendra Nath Banerjee : A nation in the Making (1857-1905) Oxford University Press, 1925 Page 108)

3. Another attraction that was offered to Muslims was the rule that no resolution affecting a particular community would be considered by the Congress, if the delegates representing that community, even if they were, in a minority, objected to it. In this way a resolution urging the prohibition of cow slaughter suggested by a Hindu landlord of Bengal was disallowed at a Congress Session of 1887. (Khalid Bin Sayeed : Pakistan- The formative Phase 1857- 1948; OUP, Karachi)

4. Lord Dufferin replying to a farewell address from Mohammedan National Association of Calcutta in 1888, observed- " In any event be assured, Gentlemen, that I highly value these marks of sympathy and approbation which you have been pleased to express in this regard to the general administration of the country. Descended as you are from those who formerly occupied such a commanding position in India, you are exceptionally able to understand the responsibility attaching to those who rule." (Cited in 'Pakistan, the formative phase' by Khalid Bin Sayeed, Oxford University Press, Karachi, 1991 Page 21)

All India Mohammedan Deputation of 1906

1. A Muslim deputation under the leadership of the Agha Khan waited upon the Viceroy Lord Minto on 1st October 1906. It was a command affair, organised by Mr. Archibold, the Principal of the Aligarh Collage and Col. Dunlop smith, the Viceroy's Privte Secretary. Even the contents of the address, submitted by the Deputation to the Viceroy, were dictated by them, as would transpire from the letter of Mr. Archibold written to Nawab Mohsin ul Mulk, dated Aug, 20, 1906 : " Colonel Dunlop Smith, Private Secretary of His Excellency the Viceroy, informs me that His Excellaency is agreable to receive the Muslim deputation. He advises that a formal letter requesting permission to wait on His Excellency be sent to him. In this connection, I would like to make a few suggestions. The formal letter should be sent with the signatures of some representatives of Mussalmans. The deputation should consist of representatives of all the provinces. The third point to be considered is the text of the address. I would here suggest that we begin with a solemn assurance of loyalty. The Government decision to take a step in the direction of self governence should be appreciated. But our apprehensions should be expressed that the principle of election, if introduced, would prove detrimental to the interests of the Muslim minority. It should respectfully be suggested that nomination or representation by religion be introduced to meet Muslim opinion. We should also say that in a country like India due weight must be given to views of Zamindars... But in all these views I must be in the background. I can prepare for you the draft of the Address or revise it. If it is prepared in Bombay, I can go

through it as, you are aware, I know how to phrase these things in proper language. Please remember that if we want to organise a powerful movement in the short time at our disposal, we must expedite matters." (Cited by K.R. Bambwall Indian Politics and Govt; p 106)

2. The deputation accordingly waited upon the obliging Viceroy and presented the address. The cardinal point of address was a plea for separate electorate for the Muslims in any scheme political reform on the ground that were loathe to place "our national interest at mercy of unsympathetic majority." It was also demanded that in the imperial legislative council their representation "should never be an ineffective minority."(Cited by K.R. Bomwall : p106)

Viceroy Lord Minto's Reply to All India Mohammedan Deputation of Oct., 1, 1906

Lord Minto said : "I am grateful to you for the opportunity you are affording me for expressing my appreciation for just aims of followers of Islam and their determination to share in the political history of our Empire." He further said "The pith of your address that in any system of representation, whether it affects a municipality, a district board or a legislative council, in which it is proposed to introduce or incerase and electoral organisation, Mohammeddan community should be represented as a community" He expressed firm conviction that "any electoral representation in India would be doomed to mischievous failure, which aimed at granting a personal enfranchisement regardless of the beliefs and traditions of the communities commprising the population of this continent."(Durga Das : Curzan to Nehru & After; page 50)

2. "You justify claim that your position should be estimated not merely on your numerical strength but in respect to political importance of your community and the services it has rendered to the empire. I am entirely in accord with you." (K.R.Bombwal : Indian Politics and Government page 106)

कांग्रेस अधिवेशन (सूरत-1907)

थोड़ी देर में 1600 प्रतिनिधि एक दूसरे पर चिल्लाने लगे। मारपीट पर उतारू हो गए और कुर्सियां फेंकने लगे। इसी बीच किसी अज्ञात व्यक्ति ने मंच पर एक जूता

फेंका, जो फिरोजशाह मेहता और सुरेन्द्र नाथ बनर्जी को लगा। इसके बाद पुलिस आई और उसने सभागार खाली कराया। कांग्रेस अधिवेशन समाप्त हो गया। इसमें जीत केवल अंग्रेजी हुकूमत की हुई। मिटों ने तत्काल मोरले को खत लिखा–"सूरत में कांग्रेस का पतन हमारी बहुत बड़ी जीत है।" (बिपिन चन्द्र, भारत का स्वतंत्रता संग्राम पृष्ठ 113)

Gandhiji and Revolutionary Movement

1. In 1908 Gandhiji wrote : "Many people exult at the explosion of bombs. This only shows ignorance and lack of understanding. If all the British were to be killed, those who kill them would become the masters of India, and as a result India would continue in a state of slavery. The bombs with which the British will have been killed will fall on India after the British leave.(Collected works of Mahatma Gandhi, Vol.8, page 374)

2. On 1 July 1909, Madan Lal Dhingra, and Indian student, assassinated Sir William Curzon-Wyllie, political aide-de-camp to Lord Morley, the Secretary of State for India, at a reception held by the National Indian Association at the Imperial Institute in South Kensington, London. Gandhi's assessment of the event appeared in *Indian Opinion*. He said *inter alia* :–

"I must say that those who believe and argue that such murders may do good for India are ignorant men indeed. No act of treachery can ever profit a nation. Even should the British leave in consequence of such murderous acts, who will rule in their place? The only answer is the murderers." (Collected Works of Mahatma Gandhi, Vol. 9, page 303)

3. Those who believe that India has gained by Dhingra's act, and such other acts in India make a mistake. Dhingra was a patriot but his love was blind. He gave his body in a wrong way. Its ultirnate result can only be mischievous. (Mahatma Gandhi : Hind Swaraj, Chapter XV Cambridge, Page 78)

4. Gandhiji wrote to Viceroy Lord Irwin on 2.3.30 :–

"It is common cause that disorgnised and for the time being insignificant the party of violence (i.e. Indian revolutionary movement) is gaining ground and making itself felt.... My experience.... shows that non-violence can be an intensely active force. It is my purpose to set in motion that force....(against) the unorganised violent force of the growing party of violence (i.e. Indian revolutionary movement.)" (Collected Works of Mahatama Gandhi; Vol. 43 page 6)

Satyagrah in South Africa (1914)

'Gandhi was convinced that the Commision was just a way for the government to buy time and end up doing nothing– so he made ready for another protest march, this one against the Commission. Just at that time, as it happened, Europian railway workers went on strike throughout South Africa, threatening the survival of Botha's Government. Gandhi immediately called off his protest march, on the ground that a Satyagrahi did not take advantage of his adversary's weakness.' (Ved Mehta : Mahatma Gandhi and his apostles; Penguin Books 1977 page 129)

Khilafat

1. On 8th, 9th & 10th July 1921. All India Khilafat Conference met in Karachi. Some of the salient resolutions were:

i. This meeting of the All India Khilafat Conference declares allegiance of the Muslim population to His Majesty, the Sultan of Trukey, the Commander of the Faithful, and gives him an assurance that they would not rest content until they had secured complete fulfilment of their demands.

ii. The Muslims shall never agree to the conditions the allies wish to impose upon Turkish Government... as that would tend to interfere with the complete independence of the Khilafat and the Sultanate.

iii. It is in every way religiously unlawful for a Mussalman at the present moment to continue in the British Army or to induce others to join the army and it is the duty of all Mussalmans in gereral and the Ulemas in particular to see that these religious commandments are brought home to every Mussalman in the Army.

iv. If the British Government were to take, any military measures against Angola/Government... then the Mussalmans of India will be compelled to commence the breaking of laws, that is civil disobedience, wih the concurrence of Congress, and declare complete independence of India and Indians and the establishment of a Republic for the Government of India. (Khalid Bin Sayeed : Pakistan, The Formative Phase (1857–1948), O.U.P., Karachi page 52–53)

2. I will gladly ask for the postponement of Swaraj activity, if thereby we would advance the interest of Khilfat. (M.M. Kothari :

Critique of Gandhi, Critique Publications, Jodhpur, page 148)

3. He (Gandhiji) asked the Hindus "to befriend all Muslims and hold them fast as prisoner of our, love. It would be a pleasent possibility, if Hindus in their lakhs offered themselves cut to pieces without retaliation or anger in their heart." (M.M. Kathari : Critique of Gandhi; p. 148)

4. Gandhi commented on Chauri–Chaura incident and "characterised the tragedy as an 'index finger', and calling the civil disobedience movement off, fasted for five days as penance for the violence." (Durga Das : India from Curzon to Nehru and after page 100)

On failure of Khilafat Movement

1. On suspension of Khilafat movement (on 4th Feb. 1922). Jawahar Lal Nehru's reaction was : "We were angry when we learnt of the stoppage of our struggle at a time we seemed to be consolidating our position and advancing on all fronts... The sudden suspension of our movement... was resented. Our mounting hopes tumbled to the ground... what troubled us even more were the reasons given for this suspension and the consequences that seemed to flow from them... a remote village and a mob of excited peasants in an out-of-the-way place going to and end... to our national struggle for freedom?" (Stanely Wolpert: Nehru, O.U.P. page 54-55)

2. It is not surprising that such a partnership (Hindu-Muslim Unity during Khilafat movemenat) could be buffetted from its nationalist course by any hostile wind either from the government side or the communalist. It was felt that Gandhi might have aroused Muslims suspicions by seeking an interview with the Viceroy... There were all together six of these interviews between 13 and 18 May 1921." (Khalid Bin Sayeed, The formative Phase, O.U.P. Karachi page 57)

3. Iqbal wrote to his friend, the historian Akbar Shah Najibabadi on 12 April 1925 :–

"You have rightly observed that the influence of professional theologians (Maulwis) had declined steeply as a result of Sir Syed Ahmed Khan's movement but the Khilafat Committee has reestablished their prestige among Indian Muslisms due to Committees need for political fatwas. This was a grave mistake which has perhaps not been realised by anyone till now." (Cited by Arun Shourie : the World of Fatwas, page 31)

Gandhiji On Bomb Blast on Lord Irwin's Train– (31.12.29)

1. Mr. M.K. Gandhi... moved the following resolution :–

"The Congress deplores the bomb outrage perpetrated on the Viceroy's train and reiterates its conviction that such action is not only contrary to the creed of the Congress but results in harm being done to the national cause. It congratulates the Viceroy and Lady Irwin and their party including the poor servants on their fortunate and narrow escape."

In support of his resolution Gandhiji said : "Congress will fail in its obvious duty if it does not record this resolution.... So long as the Congress creed remains what it is, namely, that we want to attain swaraj, not by any means, but by peaceful and legitimate means, it is our bounden duty to take note of anything that happens in India in breach of that condition. You might be told, that when people who do not belong to the Congress organization and are not connected with it in any shape or form do, particular acts which may be contrary to our creed, we are in no way and in no sense responsible.... We either claim to represent the thirty crores of Hindustan or we do not. If we claim to represent them, then it is our duty to consider ourselves responsible for anything that any single person born in Hindustan may do.... Not only so; we would be guilty of not having understood the implications of our creed if we forget that those Englishmen, whether in authority or not, who choose to remain in India are our charge, that we, who profess this creed of non-violence should consider ourselves trustees for the safety of their lives... In the opinion of Swami Govindanand and Dr. Alam this resolution is unwarranted. It is being suggested that no note should be taken of a recent violent outrage. The argument advanced is : "Let us go our way and let them go their way." But I can assure you that this is not the way to atain independence. When we claim that the Congress is the largest organization in India, nothing should deter us from registering the views of the Congress regarding such incidents in the country..." (Collected works of Mahatma Gandhi page 341-44)

Congress Presidentship : Moti Lal Nehru and Jawahar Lal Nehru

Writing to Gandhi on July 11, 1928, Moti Lal said : "I am quite clear that the hero of the hour is Vallabhbhai, and the least we can do to appreciate his public services is to offer him the crown. Failing him, I think that under all circumstances Jawahar would be the best choice." Gandhi solved the dilemma by proposing that Moti Lal himself become President. By this gesture he won over the Nehrus. (Durga Das: India from Congress to Nehru and After; page 128)

It was now clear that the Congress session at Lahore (1929) would be crucial. The provincial committees had recommended Gandhi and Sardar Patel for the Presidentship of the Congress.. When Gandhi announced his preference for Jawahar Lal, the General body, especially the senior leaders were astonished. For one thing it was considered odd that a son should succeed his father to the Congress throne.

Having learnt from private inquiries that Gandhi had succumbed to pressure from Moti Lal, I sought Gandhi's version. The Mahatma pointed out that Moti Lal had repeated with greater emphasis the argument put forward in his letter of July 1928 that Jawahar represented youth and dynamism.

It is certain that Gandhiji's decision marked a turning point in the history of modern India. A dying man, Moti Lal was naturally eager to see Jawahar Lal as Congress President in his own life time. But the effect of Gandhi's decision was to identify the Nehru family with the nation. (Durga Das: India from Curozan to Nehru and After, page 134)

Bhagat Singh Episode

Minutes of Viceroy Lord Irwin of his talks with Gandhiji on 19.3.31 :–

"As he was leaving, he asked if he might mention the case of Bhagat Singh, saying that he had seen in the Press, the intimation of his execution for March 24th. This was an unfortunate day as it coincided with the arrival of the new President of the Congress at Karachi and there would be much popular excitement.

I told him I had considered the case with most anxious care but could find no grounds on which I could justify to my conscience commuting the sentence. As to the date, I had considered the possibility of postponement till after the Congress, but had deliberately rejected it on various grounds :–

(i) that postponement of execution, merely on political grounds, when orders had been passed, seemed to me improper;

(ii) that postponement was inhuman in that it would suggest to the friends and relatives that I was considering commutation; and

(iii) that Congress would have been able legitimately to complain that they had been tricked by Government.

He appeared to appreciate force of these arguments, and said no more. Sd: IRWIN"

(National Archives of India, file No, 545/1931, Home Deptt. political Branch. Cited by A.G.Noorani: Trial of Bhagat Singh, Konark N.D. pp: 240–41. Also Collected Works of Mahatma Gandhi; Vol. 45 Page 315–16)

2. Minutes of Home Secretary Herbert Emerson of his talk with Gandhiji on 19.3.31

"I then asked him if he had seen in the papers that the Governor–General in Council had rejected the petition for mercy on behalf of Bhagat Singh. He said that he had and that he was apprehensive regarding the consequences. I did not mention the date on which the execution would be carried out, but I did explain to him that the question as to whether it should take place before or after the Karachi Congress had been very seriously considered by Government who realized the difficulties of either course, but thought it would have been unfair to the condemned persons to postpone execution and also not fair to Gandhi to allow the impression to gain ground that commutation was under consideration when this was not the case. He agreed that of the two alternatives it is better not to wait, but he suggested, though not seriously, that the third course of commutation of the sentence would have been better still. He did not seem to me to be particularly concerned about the matter. I told him that we should be lucky if we got through without disorder, and I asked him to do all that he could to prevent meetings being held in Delhi during the next few days and to restrain violent speeches. He promised to do what he could."

3. Dr. Pattabhi Sitaramayya wrote : "Any way Lord Irwin was unable to help in the matter, but undertook to secure a postponement of the

execution till after the Karachi Congress. The Karachi session was to meet in the last days of March, but Gandhi himself definitely stated to the Viceroy that if the boys should be hanged, they had better be hanged before the Congress than after. The position of affairs in the country would be clear. There would be no false hopes lingering in the breasts of the people. The Gandhi–Irwin Pact would stand or fall on its own merits at the Congress, and on the added fact that the three boys had been executed." (Dr. Pattabhi Sitaramayya : The History of Indian Nagional Congress Vol. I, [p. 442])

4. Correspondence between H.W.Emerson, the Home Secretary cum Chief Secretary, Govt. of India and Gandhiji in March 1931 :–

"Government of India

Home Department, New Delhi

March 20, 1931

Dear Mr. Gandhi,

I write to thank you for your letter today enclosing translations of a circular and of notice issued by the Mamlatdar of Borsad. I will bring the matter to the notice of the local Government.

With reference to our conversation last night regarding the danger of excitement being worked up in connection with the execution of the sentence passed on Bhagat Singh, etc. the Chief Commissioner informs me that notice has been given in the city that Mr. Subhash Chandra Bose will address a meeting of protest tonight at 5.30. I fully realize your difficulties in the matter and I think that you realize the difficulties of Government and also their desire at the present time to aviod, if possible, preventive action, which may, however, be unavoidable if excitement grows. If a meeting is held tonight, it is almost certain to increase feeling, especially if speeches of an inflammatory character are made. Government will much appreciate any assistance you feel able to give to prevent this and to check the creation of conditions which, if uncontrolled, may have serious consequences.

Yours sincerely

Sd./H.W.Emerson"

"M.K.Gandhi Esq.

1, Darayaganj, Delhi

March 20, 1931

Dear Mr. Emerson,

I thank you for your letter just received. I knew about the meeting you refer to. I have already taken every precaution possible and hope that nothing untoward will happen. I suggest that there should be no display of police force and no interference at the meeting. Irritation is undoubtedly there. It would be better to allow it to find vent through meetings, etc.

Your sincerely,
M.K. Gandhi

H.W. Emerson Esq.
Chief Secretary to the Government of India
New Delhi

(National Archives of India, File No 545/1931, KW2 Home Deptt. Vol 45, pp. 438–440)

Subhash Chandra Bose on Gandhiji
(When he suspended the Civil Disobedience movement in 1933)

"Today our condition is analogous to that of an army that has sunddenly surrendered uncounditionally to the enemy in the midst of a protracted and strenuous campaign not because nation demanded but either because C–in–C was exhausted as a result of repeated fasting or because his mind and judgement were clouded owing to subjective causes. (Subhash Bose: Indian Struggle p. 229)

Mahatma Gandhi on Subhas Bose's Victory(1939)

"Shri Subhas Bose had achieved a decisive victory. I must confess that from the very beginning I decided against his re–election... And since I was instrumental in inducing Dr. Pattabhi not to withdraw, the defeat is more mine than his. It is plain to me that the delegates do not approve of the principles and policy for which I stand." (Leonard A. Gordon: Brothers against Raj, Viking; p. 374–75)

Muslim League demands Pakistan

1. March 1940 : Muslim League session at Lahore : Jinnah declared– "Muslim are a nation, according to any definition of a nation, and they must have their homelands, their territories and their state." (K.R. Bombwall : Indian Politics and Govt. p. 287)

2. At the Lahore session of Muslim League Jinnah declared : They (Islam and Hindusim) are not religions in strict sense of the word. but are in fact, different and distinct social orders, and it is doubtful that Hindus and Muslims can ever evolve a common nationality. The Hindus and Muslims belong to two different religions, philosophies, social customs, literature. They neither inter– marry nor inter–dine together and indeed, they belong to two different civilizations. Their aspects on life and of life are different. It is quite clear that Hindus and Musalmans derive their inspiration from different sources of history. Very often, the hero of one is foe of the other and likewise their victories and defeats overlap. To yoke together two such nations under a single state, one as a numerical minority, and one as a numerical majority must lead to growing discontent and final destruction of any fabric that may be built up for the government of such a state." (Rajendra Prasad : India Divided; p.1)

3. At Lahore Session of Muslim League (March 1940), it passed a resolution demanding that "areas in which the Muslims are in numerical majority as in North Western and Eastern Zones of India should be grouped to contribute an independent state".

4. "Shortly after the session Jinniah clarified .. that Pakistan would comprise of existing provinces of NWFP, Buluchistan, Sindh and the Punjab in the West and Bengal and Assam in the East." (K.R. Bombwall : Indian Politics and Govt; p. 287)

World War II

1. Nehru : "This is not the time to bargain. We are against rising imperialism of Germany, Italy, Japan and for the decaying imperialism of Europe. (Durga Das : India from Curzan to Nehru and after; page 192)

2. Nehru : "We have repeatedly stated that we do not want to bargain. We do not approach the problem with a view to taking advantage of Britain's difficulties." (Leonrd A gordon: Brothers against Raj; Viking; p. 405)

3. He (Mahatma Gandhi) told Lord Linlithgon that his "own sympathies were with England and France" ...He wrote in 'Harijan' that whatever support was to be given to the British should be given unconditionally." (K.R. Bombwall : Indian Politics and Government, P. 259)

4. Subhash Bose : "British adversity is India's opportunity (Durga Das India from Curzon to Nehru and after, p. 192)

Thus Spake Jinnah

1. 1938 में लीग के अध्यक्ष चुने जाने पर अपना भाषण देते हुए जिन्ना ने कहा– "कांग्रेस का आलाकमान दूसरे सभी समुदायों और संस्कृतियों को नष्ट करने तथा हिन्दू राज कायम करने के लिए पूरी तरह दृढ़प्रतिज्ञ है। गांधी का आदर्श है हिन्दू धर्म को पुनर्जीवित करना और देश में हिन्दू राज कायम करना(बिपिन चन्द्र : भारत का स्वतंत्रता संघर्ष पृष्ठ 403)

2. मार्च 1940 में जिन्ना ने अलीगढ़ में छात्रों से कहा– "मिस्टर गांधी चाहते हैं कि हिन्दू राज के तहत मुसलमानों को कुचल डालें और उन्हें प्रजा बना कर रखें। (विपिन चन्द्र पृष्ठ 404)

3. मार्च 1941 में जिन्ना ने अलीगढ़ में कहा "पाकिस्तान हासिल किया जा सकता है। अगर आप इस मुल्क में इस्लाम को पूरी तरह खत्म होने से रोकना चाहते हैं तो पाकिस्तान ही अकेला मकसद हो सकता है। (विपिन चन्द्र पृष्ठ 404)

4. अप्रैल 1941 में अपने अध्यक्षीय भाषण में जिन्ना ने कहा :– ''अखंड भारत में मुसलमानों के वजूद को खत्म कर दिया जाएगा।"

5. 18 अगस्त को जिन्ना ने अंतरिम सरकार पर टिप्पणी करते हुए कहा, "कांग्रेस सवर्ण हिन्दुओं की फासिस्ट संस्था है जो ब्रिटिश संगीनों की मदद से मुसलमानों और दूसरे अल्पसंख्यक समुदायों पर हावी होना चाहती है और उन पर हुकूमत करना चाहती है।

6. But he (Jinnah) emphatically asserted he knew one thing : Gandhi stood for Hindu revivalism. (Durga Das : India from Curzon to Nehru & other; p. 183)

Subhash Bose's Letter to Bengal Govt. dated 29.11.40

Govt. are determined to hold me in prison by brute force. I say in reply. Release me or I shall die. The individual must die, so that nation may live. Today I must die, so that India may live and win freedom and glory." (Leonard A. Gardon: Brother Against Raj, Victory; p. 418)

Nehru on Subhash Bose and INA

Jawahar Lal Nehru in a Press Conference at Gauhati said on April 24, 1942 :

"Hitler and Japan must go to hell. I shall fight them to the end and this is my policy. I shall also fight Mr. Subhssh Bose and his party along with Japan if he comes to India."

"We parted company with him (Subhash Bose) many years ago. Since then we have drifted further apart and today we are very far from each other... But I do realise that the way he has gone is utterly wrong, a way which I am not only against, but must oppose, if it takes shape..." (Leanord A. Gordan : Brother Against Raj Viking pp. 477–78)

1942 Movement : Gandhi's speech at A.I.C.C. Meeting on 8 Aug., 1942

I congratulate you on the resolution (Govt. India resolution) that you have just passed... Nevertheless, the actual struggle does not commence this moment. You have only placed all your powers in my hands. I will now wait upon the Viceroy and plead with him for the acceptance of the Congress demand. That process is likely to take two or three weeks. What would you do in the mean while? What is the programme, for the interval, in which all can participate? As you know, the spinning-wheel is the first thing that occurs to me. I made the same answer to the Maulana... Every one of you should, from this moment onwards, consider yourself a free man or woman, and act as if you are free and are no longer under the heel of this imperialism... You may take it from me that I am not going to strike a bargain with the Viceroy for ministries and the like. I am not going to be satisfied with anything short of complete freedom. May be, he will propose the abolition of salt tax, the drink evil, etc. But I will say : 'Nothing less than freedom' ...Here is a mantra, a short one, that I give you... The mantra is : 'Do or Die.' We shall either free India or die in the attempt; we shall not live to see the perpetuation of our slavery.

British Decide to free India

1. In the Cabinet on the last day of 1946, Aneurin Beavean... pointed out that :

'Withdrawal of India need not appear to be forced upon us by our weakness, nor to be the first stage in the dissolution of the Empire. On the contrary, this action must be shown to be the logical compulsion, which we welcomed, of a policy followed by successive governments for many years. There was... no occasion to excuse our withdrawal. We should rather claim credit far taking these initiatives. (Andrew Robert: Eminent Churchillian, Widenfield Nicloson, Londan p. 78).

2. 15 मार्च 1946 को एटली ने हाउस आफ कामंस में 'कैबिनेट मिशन' यात्रा के बारे में जो विचार प्रगट किए थे, उसमें भारत संबंधी भावी नीति के बारे में स्पष्ट संकेत थे। एटली ने कहा था कि "भारत में राष्ट्रवाद का प्रबल वेग है, और स्पष्ट एवं निश्चित कार्यवाही करने का समय आ चुका है। कैबिनेट मिशन एक ध्येय ले कर भारत जा रहा है। आज वातावरण में 1946 का तापमान है। 1920, 1930 और 1942 का तापमान कुछ और था। उनके सहयोगी भारत जा कर इस बात का प्रयत्न करेंगे कि वह यथाशीघ्र यथासमय पूर्ण स्वाधीनता प्रदान कर सकें। वर्तमान सरकार के स्थान पर किस प्रकार की सरकार होगी, इसका निश्चय भारत को ही करना होगा, यद्यपि उन्हें आशा है कि भारत को ब्रिटिश राष्ट्रमंडल में रहना स्वीकार होगा।" (बी. पी. मेनन; ट्रांसफर आफ पावर पृष्ठ 237; उद्धृत– हो.वे. शेषाद्रि : और देश बंट गया; सुरुचि, पृष्ठ 178)

3. Mountbatten confessed that one reason why they decided to leave India was that they had not the means of carrying on. (Collins & Lapier : Mountbatten and Partition of India).

4. In Tagore lecture, John Freeman a former British High Commissioner in India held that it was fallacious and misleading to underestimate the magnitude of a century of re-volutionary struggle for independence which had preceded the final British withdrawal from India." (MM Kothari. Critique of Gandhi, Critique Publication, Jodhpur p. 143)

Mountbattens

1. The Mountbattens had been only in India a week before, the Private Secretary to field Marshal Sir Claude Auchinled C-in-C of Indian Army, was noting in his diary that Nehru's relationship with Lady Mountbatten is sufficiently close to have raised many eye-brows." (Andrew Roberts : Eminent Churchillians, p. 82)

2. Although Mountbatten didn't know it, the idea of sending him to India had been suggested to Attlee by the man at the Prime Minister's side, his Chancellor of the Exchequeor, Sir Stafford Cripps, It had come up at a secret conversation in London in December, between Cripps and Krishna Menon, an outspoken Indian left-winger and intimate of the Congress leader Jawaharlal Nehru. Menon had suggested to Cripps and Nehru that Congress saw little hope of progress in India so long as Wavell was Viceroy. In response to a query from the British leader, he had advanced the name of a man Nehru held in the highest regard, Louis Mountbatten. Aware that Mounbatten's usefulness would be destroyed if, India's Muslim leaders learned of the genesis of his appointment, the two men had agreed to reveal the details of their talk to no one. Menon revealed the details of his conversation with Cripps in a series of conversations with one of the authors in New Delhi in February 1973, a year before his death. (Collins and Lappierre : Freedom at Midnight P. 8)

3. Suspiciouslsy he (Winston Churchill) eyed Mountbatten. Did he have anything in writing? he asked. Mountbatten said he had a letter from Nehru, indicating Congress would accept, providing dominion status was conferred without delay... Finally be declared that if Mountbatten really could deliver the formal public acceptance of all Indian parties to his plan, then the whole country would be behind him. (Larry Collins and Daminique Lapierre: Freedom at Midnight. P. 150)

4. "At first Nehru and Edwina had written to each other every day. A year later they were writing twice a week, by 1954 once a fortnight. Now ten years on, letters come at three-week intervals". (Janet Morgan: Edwina Mountbatten : P. 464-5)

5. After the transfer of power he (Mountbatten) had received an Earldom... Edwina had been awarded GBE at the end of 1947 and in

January 1948, the Chinese Order of Brilliant Star. (Janet Morgan p. 414)

6. "He had an extra ordinary facility for getting on with all kinds of people. He was also blessed with a very unusal wife." (Janet Morgan : Page 378)

7. People pressed forward to shake hands; from every side, there were cries "Mountbatten Ki Jai". "Lady Mountbatten Ki Jai". (Morgan.... Page 404)

8. ...Edwina Mountbatten was a spoilt play-girl. a woman so self-absorbed that she could forget where she had sent her two daughters and their Governess on holiday... Lady Mountbatten was consistently unfaithful, to the extent that at their Park Lane home, the butler at Brook House would be hard put to keep "Hugh", "Laddie" and "Bunny" unaware of each other's presence when the three happened to call simultnaeously. He also had Mike, Larry and Ted to consider. She saw no great cause to engage her considerable intelligence in the 1920 and 1930s, and took refuge in nymphomania and bisexuality." (Andrew Roberts: Eminent Churchillian, Weidenfeld and Nicolson, London, Page 58)

9. Persuading India to join the Commonwealth consumed more of Mountbattens time and energy than did other questions. "The Commonwealth meant so much to me", he was later to explain "and with emotional background I began to grasp every straw in the right direction." (Andrew Roberts : Page 91)

10. The Viceroy (Mountbatten) said– "I hated Subhas. He brought together the dregs of Indians in his army" (Leonard A Gordan : Brothers against Raj, Viking; Page 576)

11. "Lady Mountbatten was flat on the floor when my father and she met in Singapore" –Indira recalled. (Stanley Wolpert : Nehru, OUP, New York, Page 361)

12. Nehru lifted her up.... and fell in love with her. They dined together that evening, those who were soon to rule India "and we made life long friends" Dickie recalled. (Stanley Wolpert, Page 361)

13. "Mountbatten offered to be Nehru's host in London, but Nehru decided it was best for him to stay at the Dorchester, where Edwina kept a suite for herself, over-looking, Hyde Park." (Stanley Wolpert, Page 377)

14. Nehru himself developed a measure of intimacy with both Lord

and Lady Mountbatten from the time he visited Singapore during the War and Mountbatten had given him a red carpet treatment by telling his aides to treat him as they would a Prime Minister. (Durga Das: India from Curzon to Nehru and after Page 238)

15. In the early months of 1947, one sensed a speed up of the movement towards the transfer of power. The drama was played both in India and at Whitehall. Plans being shaped in London envisaged British exit on the basis of dominion status. (Durga Das : Page 238)

16. "He (Mountbatten), in short was a man who enjoyed sexual act more in theory and anecdote than in fact and practice, and the voyeur strain in him was stronger than in most men. When he became reconciled to Edwina's infidelities he liked to hear about them from her. : (Richard hough : Mountbatten. Page 96)

17. The fact that she (Edwina) had an affair with Nehru... had the most profound effect on the negotiations for the transfer of power." (Richard Hough : Mountbatten. Page 224)

18. In a country, not at that time noted for political influence of its women, the views of those involved in the transfer negotiations played a strong part; and the leading role was, of course played by Edwina herself, her leading man Jawaharlal Nehru, now widowed and lonely and needing a woman in his life. (Richard Hough : Mountbatten, Page 223)

19. Everything, absoulutely everything was going to depend on personal relationships" said Mountbatten." I knew Nehru and there was plenty of goodwill there, we liked each other and Nehru had always been one for rank and titles–a great snob and pro–English, even if the English had put him in jail so often. Above all, he and Edwina got on marvellously, too. That was a great help." (Richard Hough : Mountbatten. Page 223)

20. There was at Singapore small memorial to the I.N.A., built in a prominent place by I.N.A. personnel... Mountbatten was anxious that Jawaharlal should not visit this memorial, not merely because it would give recognition to the I.N.A., but also for fear that a big function that attracted large crowds might give rise to a certain resentment among the Chinese and others. It has been suggested that Jawaharlal was so bewitched by Mountbatten on his first meeting that he abondoned his principles and his integrity and he did not lay wreath at the memorial.

(Mountbatten : Reflections on the transfer of power and Jawaharlal Nehru, Cambridge, 1968 p 5; H.V. Hardson: The Great Divide; Landon 1969; p. 205) –quoted from S.Gopal, Jawaharlal Nehru, p. 310)

Gandhi Pleads for Partition

TALK WITH MANU GANDHI

Bhangi Colony
New Delhi
June 14, 1947

I can see as through a crystal the sincerity and love in Jawahar....He would be heart-broken if I hesitate to attend the A.I.C.C.. He has made me a captive of his love... (Collected works of Mahatma Gandhi; Vol. 88; Page 150)

SPEECH AT A.I.C.C. MEETING

New Delhi
June 14, 1947

You will not doubt that no one could be as much hurt by the division of the country as I am. And I don't think that anyone can be unhappy today as I am. But what has happened...has happened. The Working Committee has on your behalf. accepted partition. Now we have to consider what our duty is.... if the Congress Working Committee has done this, it has done deliberately and for certain weightly reasons. And this decision has been taken jointly by ths Congress, the Muslim League and the British Government.. If you reject it, the world will call you irresponsible... It is important that you should undertand the times. The demand of the times is that we should bridle our tongues and do only what will be for India's good.... (collected works of Mahatma Gandhi; Vol. 88; Page: 153-155)

Dominion Status

In May, however, Jawaharlal's keenness for an early defacto transfer of power was exploited in favour of Dominion Status. (S. Gopal : Jawaharlal Nehru, p. 353)